POESÍA
233

POESÍA

233

GUARDÉ EL ANOCHECER EN EL CAJÓN

Han Kang

Traducción del coreano de Sunme Yoon

LUMEN

Papel certificado por el Forest Stewardship Council®

Título original: 서랍에 저녁을 넣어 두었다

Primera edición: abril de 2025

© 2013, Han Kang
Publicado originalmente por Moonji
© 2025, Penguin Random House Grupo Editorial, S. A. U.
Travessera de Gràcia, 47-49. 08021 Barcelona
© 2025, Sunme Yoon, por la traducción

Penguin Random House Grupo Editorial apoya la protección de la propiedad intelectual. La propiedad intelectual estimula la creatividad, defiende la diversidad en el ámbito de las ideas y el conocimiento, promueve la libre expresión y favorece una cultura viva. Gracias por comprar una edición autorizada de este libro y por respetar las leyes de propiedad intelectual al no reproducir ni distribuir ninguna parte de esta obra por ningún medio sin permiso. Al hacerlo está respaldando a los autores y permitiendo que PRHGE continúe publicando libros para todos los lectores. De conformidad con lo dispuesto en el artículo 67.3 del Real Decreto Ley 24/2021, de 2 de noviembre, PRHGE se reserva expresamente los derechos de reproducción y de uso de esta obra y de todos sus elementos mediante medios de lectura mecánica y otros medios adecuados a tal fin. Diríjase a CEDRO (Centro Español de Derechos Reprográficos, http://www.cedro.org) si necesita reproducir algún fragmento de esta obra.
En caso de necesidad, contacte con: seguridadproductos@penguinrandomhouse.com

Printed in Spain – Impreso en España

ISBN: 978-84-264-3259-9
Depósito legal: B-2674-2025

Compuesto en M. I. Maquetación, S. L.
Impreso en Unigraf, S. L., Móstoles (Madrid)

H432599

GUARDÉ EL ANOCHECER EN EL CAJÓN

서랍에 저녁을 넣어 두었다

시인의 말

어떤 저녁은 투명했다.
(어떤 새벽이 그런 것처럼)

불꽃 속에
둥근 적막이 있었다.

2013년 11월
한 강

PALABRAS DE LA POETA

Algunas tardes fueron transparentes
(como a veces las madrugadas)

Hay una quietud redonda
dentro de la llama

Noviembre de 2013
Han Kang

1부

새벽에 들은 노래

PRIMERA PARTE

CANCIONES DEL ALBA

어느 늦은 저녁 나는

어느
늦은 저녁 나는
흰 공기에 담긴 밥에서
김이 피어 올라오는 것을 보고 있었다
그때 알았다
무엇인가 영원히 지나가버렸다고
지금도 영원히
지나가버리고 있다고

밥을 먹어야지

나는 밥을 먹었다

UN ANOCHECER YO

Un
anochecer yo
miraba elevarse el vapor
de mi cuenco de arroz blanco.
Entonces supe
que algo se había ido para siempre.
Que ahora también
se estaba yendo para siempre.

A comer.

Y me comí el arroz.

새벽에 들은 노래

봄빛과

번지는 어둠

틈으로

반쯤 죽은 넋

얼비쳐

나는 입술을 다문다

봄은 봄

숨은 숨

넋은 넋

나는 입술을 다문다

어디까지 번져가는 거야?

어디까지 스며드는 거야?

기다려봐야지

틈이 닫히면 입술을 열어야지

혀가 녹으면

입술을 열어야지

다시는

이제 다시는

LA CANCIÓN QUE OÍ AL ALBA

A través de la rendija

de la luz primaveral

y la oscuridad que se dispersa,

se vislumbra

un alma medio muerta

y yo cierro los labios.

La primavera es la primavera.

La respiración es la respiración.

El alma es el alma.

Y yo cierro los labios.

¿Hasta dónde se dispersa?

¿Hasta dónde se filtra?

Voy a esperar.

Abriré los labios cuando se cierre la rendija.

Cuando se derrita la lengua,

abriré la boca.

De nuevo.

Ahora de nuevo.

심장이라는 사물

지워진 단어를 들여다본다

희미하게 남은 선의 일부
ㄱ
또는 ㄴ이 구부러진 데
지워지기 전에 이미
비어 있던 사이들

그런 곳에 나는 들어가고 싶어진다
어깨를 안으로 말고
허리를 접고
무릎을 구부리고 힘껏 발목을 오므려서

희미해지려는 마음은
그러나 무엇도 희미하게 만들지 않고

덜 지워진 칼은
길게 내 입술을 가르고

더 캄캄한 데를 찾아
동그랗게 뒷걸음질치는 나의 혀는

ESA COSA LLAMADA CORAZÓN

Intento leer la palabra borrada.

Quedan trozos de líneas vagas
como ⌐
y allí donde se dobla la ∟,
donde ya existían espacios vacíos
antes de que se borrara,

en esos espacios quisiera meterme
encogiendo los hombros,
curvando la cintura,
doblando las rodillas, flexionando los tobillos.

Pero el deseo de volverme imprecisa
no hace las cosas imprecisas.

El cuchillo a medio borrar
abre longitudinalmente mis labios

y mi lengua se enrolla y retrocede
buscando una oscuridad más profunda.

마크 로스코와 나

— 2월의 죽음

미리 밝혀둘 것도 없이
마크 로스코와 나는 아무 관계가 없다

그는 1903년 9월 25일에 태어나
1970년 2월 25일에 죽었고
나는 1970년 11월 27일에 태어나
아직 살아 있다
그의 죽음과 내 출생 사이에 그어진
9개월여의 시간을
다만
가끔 생각한다

작업실에 딸린 부엌에서
그가 양쪽 손목을 칼로 긋던 새벽
의 며칠 안팎에
내 부모는 몸을 섞었고
얼마 지나지 않아
한 점 생명이
따뜻한 자궁에 맺혔을 것이다
늦겨울 뉴욕의 묘지에서
그의 몸이 아직 썩지 않았을 때

신기한 일이 아니라
쓸쓸한 일

나는 아직 심장도 뛰지 않는
점 하나로
언어를 모르고
빛도 모르고

MARK ROTHKO Y YO

La muerte en febrero

Aunque no hace falta que lo aclare,
no existe relación alguna entre Mark Rothko y yo.

Él nació el 25 de septiembre de 1903
y murió el 25 de febrero de 1970.
Yo nací el 27 de noviembre de 1970
y todavía sigo viva.
Sin embargo, a veces me pongo a pensar
en el tiempo de nueve meses
que separan su muerte y mi nacimiento.

Días antes o después
de esa madrugada en que él se abrió las venas de las manos
en la cocina anexa a su taller,
mis padres fundieron sus cuerpos
y poco después
una mota de vida
apareció en el útero tibio

cuando en un cementerio de Nueva York al final del invierno
el cuerpo de Rothko no se había corrompido todavía.

No es para maravillarse
sino para entristecerse.

Siendo solo una mota,
sin tener aún un corazón que late,
sin saber lo que es el lenguaje,
lo que es la luz

눈물도 모르며
연붉은 자궁 속에
맺혀 있었을 것이다

죽음과 생명 사이,
벌어진 틈 같은 2월이
버티고
버텨 마침내 아물어갈 무렵

반 녹아 더 차가운 흙 속
그의 손이 아직 썩지 않았을 때

ni las lágrimas,
me estaba formando
dentro del útero sonrosado,

cuando entre la vida y la muerte,
febrero, una herida abierta,
resistió y resistió
hasta que empezó a cicatrizar por fin,

cuando dentro de la tierra a medio derretir y por eso más fría
la mano de Rothko no se había corrompido todavía.

마크 로스코와 나 2

한 사람의 영혼을 갈라서
안을 보여준다면 이런 것이겠지
그래서
피 냄새가 나는 것이다
붓 대신 스펀지로 발라
영원히 번져가는 물감 속에서
고요히 붉은
영혼의 피 냄새

이렇게 멎는다
기억이
예감이
나침반이
내가
나라는 것도

스며오는 것
번져오는 것

만져지는 물결처럼
내 실핏줄 속으로
당신의 피

어둠과 빛
사이

어떤 소리도
광선도 닿지 않는
심해의 밤
천년 전에 폭발한
성운 곁의
오랜 저녁

MARK ROTHKO Y YO 2

Así se vería un alma abierta en dos
para mostrar lo que hay dentro,
por eso huele a sangre.
Aplicado con esponja en lugar de pincel,
el color se expande eternamente
y en su interior
el alma calladamente roja
huele a sangre.

Así se coagula
la memoria,
el presentimiento,
la brújula,
la conciencia de que yo
soy yo.

Eso que se filtra,
eso que se expande
tangible como el correr del agua

es tu sangre
dentro de mis vasos capilares.

Entre
la oscuridad y la luz,

noche del abismo marino
adonde no llega ningún ruido
ningún haz de luz;
tarde remota
junto a una nebulosa
que estalló hace mil años.

스며오르는 것
번져오르는 것
피투성이 밤을
머금고도 떠오르는 것

방금
벼락 치는 구름을
통과한 새처럼

내 실핏줄 속으로
당신 영혼의 피

Eso que se filtra,
eso que se expande,
eso que emerge
embebido de noche sangrienta

como un pájaro
que acaba
de cruzar una nube surcada por rayos

es tu sangre
dentro de mis vasos capilares.

휠체어 댄스*

눈물은
이제 습관이 되었어요
하지만 그게
나를 다 삼키진 않았죠

악몽도
이제 습관이 되었어요
가닥가닥 온몸의 혈관으로
타들어오는 불면의 밤도
나를 다 먹어치울 순 없어요

보세요
나는 춤을 춘답니다
타오르는 휠체어 위에서
어깨를 흔들어요
오, 격렬히

어떤 마술도
비법도 없어요
단지 어떤 것도 날
다 파괴하지 못한 것뿐

어떤 지옥도
욕설과
무덤
저 더럽게 차가운
진눈깨비도, 칼날 같은

---

* 강원래의 공연에 부쳐.

DANZA DE LA SILLA DE RUEDAS*

Llorar
se me ha hecho un hábito,
pero las lágrimas
no me han engullido del todo.

Las pesadillas
se me han hecho un hábito,
pero las noches insomnes
que queman mis venas y arterias
no me han devorado del todo.

Mirad,
estoy bailando.
Oh, con frenesí
sacudo los hombros
sobre la silla de ruedas en llamas.

No es cosa de magia
ni de trucos,
es solo que nada
puede destruirme del todo.

Ningún infierno
ni los insultos
ni la tumba
ni esta maldita aguanieve
demasiado fría, ni el granizo

---

* Dedicado a Kang Won-rae, cantante y bailarín del grupo Clone, quien sufrió un accidente automovilístico que lo dejó discapacitado de la cintura para abajo y, sin embargo, no dejó de actuar.

우박 조각들도
최후의 나를 짓부수지 못한 것뿐

보세요
나는 노래한답니다
오, 격렬히
불을 뿜는 휠체어
휠체어 댄스

afilado como el cuchillo
logró triturar lo último de mí.

Mirad,
estoy cantando
sobre una silla que lanza fuego.
Oh, con frenesí
la danza de la silla de ruedas.

새벽에 들은 노래 2

언제나 나무는 내 곁에

하늘과

나를 이어주며 거기

우듬지

잔가지

잎사귀 거기

내가 가장 나약할 때도

내 마음

누더기,

너덜너덜 넝마 되었을 때도

내가 바라보기 전에

나를 바라보고

실핏줄 검게 다 마르기 전에

그 푸른 입술 열어

LA CANCIÓN QUE OÍ AL ALBA 2

Los árboles siempre me acompañan.

La copa,

las ramillas,

también las hojas

me unen

con el cielo.

Incluso cuando me siento vulnerable,

cuando mi alma

se vuelve una piltrafa,

un harapo andrajoso,

me miran

antes de que yo los mire

y abren sus labios verdes

antes de que mis venas se marchiten negras.

새벽에 들은 노래 3

나는 지금
피지 않아도 좋은 꽃봉오리거나
이미 꽃잎 진
꽃대궁
이렇게 한 계절 흘러가도 좋다

누군가는
목을 매달았다 하고
누군가는
제 이름을 잊었다 한다
그렇게 한 계절 흘러가도 좋다

새벽은
푸르고
희끗한 나무들은
속까지 얼진 않았다

고개를 들고 나는
찬 불덩이 같은 해가
하늘을 다 긋고 지나갈 때까지
두 눈이 채 씻기지 않았다

다시
견디기 힘든
달이 뜬다

다시
아문 데가
벌어진다

이렇게 한 계절
더 피 흘려도 좋다

LA CANCIÓN QUE OÍ AL ALBA 3

Soy ahora
un botón que no necesita florecer,
un pedicelo
de pétalos marchitos.
No me importa que pase así la estación.

Dicen que
alguien se ahorcó,
que otro
olvidó su nombre.
No me importa que pase así la estación.

La madrugada
es azul
y los árboles blanquecinos
no se han congelado por dentro.

Levanto la cabeza,
pero mis ojos no quedan limpios,
aunque el sol como una bola fría
trace su parábola completa en el cielo.

Otra vez
sale la luna
tan difícil de sufrir.

Otra vez
se abre
la cicatriz.

No me importa que pase así la estación
sangrando como ahora.

저녁의 대화*

죽음은 뒤돌아서 인사한다.
『너는 삼켜질 거야.』
검고 긴 그림자가 내 목줄기에 새겨진다.

아니,
나는 삼켜지지 않아.

이 운명의 체스판을
오래 끌 거야,
해가 지고 밤이 검고
검어져 다시
푸르러질 때까지

혀를 적실 거야
냄새 맡을 거야
겹겹이 밤의 소리를 듣고
겹겹이 밤의 색채를 읽고
당신 귓속에 노래할 거야

나직이, 더없이,
더없이 부드럽게.
그 노래에 취한 당신이
내 무릎에 깃들어
잠들 때까지.

죽음은 뒤돌아서 인사한다.
『너는 삼켜질 거야.』
검은 그림자는 검푸른 그림자
검푸른
그림자

---

* 「제7의 봉인」에 부쳐.

DIÁLOGO DEL ANOCHECER*

La muerte se gira y me saluda:
«Serás devorada».
La sombra larga y negra se me graba en la nuca.

No,
no me dejaré devorar.

Voy a alargar cuanto pueda
esta partida de ajedrez del destino
hasta que caiga el sol, la noche se ponga negra
y más negra y de nuevo
todo se vuelva azul.

Me mojaré la lengua,
sentiré los olores,
oiré los sonidos de la noche, uno a uno
leeré los colores, capa por capa
te cantaré al oído

lo más bajito posible,
lo más suavecito posible,
hasta que, embriagado por mi canción,
te recuestes sobre mi regazo
y caigas dormido.

La muerte se gira y me saluda:
«Serás devorada».
La sombra negra es negrazulada,
una sombra
negrazulada.

* A propósito de la película *El séptimo sello*.

서커스의 여자

붉고 긴 천으로
벗은 몸을 묶고
허공에 매달린 여자를 보았다

무덤의 천장에는 시퍼런 별들
순장된 우리는 눈을 빛내고
활짝
네 몸에 감긴 천을 풀어낼 때마다
툭
툭
목숨 떨어지는 소리

걱정 마
나는 아홉 개의 목숨을 가졌어
열아홉 개, 아흔아홉 개인지도 몰라

아흔여덟 번 죽었다가 다시 눈 뜰 때
태아처럼 곱은 허릴 뒤로 젖히고
한번 더 날렵하게 떨어져주지

팽팽히 더 뻗어야지,
붉은 끈이 감긴 다리를

분질러진 발목을
마저 허공에 눕혀야지

눈을 가린 광대가 던져 올리는
색색의 공들처럼
점점 빨라지거나,
영원히 놓치거나

LA MUJER DEL CIRCO

Una mujer suspendida en el aire,
envuelto su cuerpo semidesnudo
en una larga tela roja.

En el techo del sepulcro, intensas estrellas azules.
Enterrados vivos, brillan nuestros ojos
cada vez que
una vuelta de tela se desenrolla de tu cuerpo.
¡Tuc!
¡Tuc!
Es la vida que se precipita.

No te preocupes,
tengo nueve vidas,
quizás diecinueve o noventa y nueve.

Cuando abra los ojos después de morir noventa y ocho veces,
arquearé la espalda acurrucada como un feto
y me dejaré caer una vez más con agilidad.

Estiraré aún más la pierna
envuelta en la cuerda roja.

Enderezaré en el vacío
hasta el tobillo roto.

Como las bolas de colores
que lanza el payaso con los ojos vendados
caeré cada vez más rápido
o me perderé para siempre.

툭
툭
어디서 장사 지내는 소리
울부짖는 소리
들리면 마중 나가야지
더,
좀더 아래로

¡Tuc!
¡Tuc!
Si oigo un canto fúnebre,
sollozos de dolor,
saldré a su encuentro
más y más
abajo.

파란 돌

십 년 전 꿈에 본
파란 돌
아직 그 냇물 아래 있을까

난 죽어 있었는데
죽어서 봄날의 냇가를 걷고 있었는데
아, 죽어서 좋았는데
환했는데 솜털처럼
가벼웠는데

투명한 물결 아래
희고 둥근
조약돌들 보았지
해맑아라,
하나, 둘, 셋

거기 있었네
파르스름해 더 고요하던
그 돌

나도 모르게 팔 뻗어 줍고 싶었지
그때 알았네
그러려면 다시 살아야 한다는 것
그때 처음 아팠네
그러려면 다시 살아야 한다는 것

난 눈을 떴고,
깊은 밤이었고,
꿈에 흘린 눈물이 아직 따뜻했네

십 년 전 꿈에 본 파란 돌

LA PIEDRA AZUL

La piedra azul
que vi en sueños hace diez años
¿estará todavía en el fondo del arroyo?

Me había muerto
y caminaba por la orilla de un arroyo un día de primavera.
Ah, qué bien me sentía muerta.
Radiante, ligera
como un plumón.

Descubrí unos guijarros
blancos y redondos
en el fondo de la corriente clara.
¡Qué diáfano!
¡Uno, dos, tres!

Allí estaba
esa piedra,
aún más silenciosa por ser azul.

Sin querer estiré el brazo para cogerla,
pero entonces supe
que para hacer eso debía nacer de nuevo.
Me dolió por primera vez
saber que tendría que vivir de nuevo.

Abrí los ojos,
era noche profunda,
seguían tibias las lágrimas que derramé en sueños.

La piedra azul que vi en sueños hace diez años.

그동안 주운 적 있을까
놓친 적도 있을까
영영 잃은 적도 있을까
새벽이면 선잠 속에 스며들던 것
그 푸른 그림자였을까

십 년 전 꿈에 본
파란 돌

그 빛나는 내[川]로
돌아가 들여다보면
아직 거기
눈동자처럼 고요할까

¿La cogí alguna vez?
¿La solté?
¿La perdí para siempre?
Eso azul que se filtra en mis desvelos de madrugada
¿será su sombra?

La piedra azul
que vi en sueños hace diez años.

Si volviera a mirar
en ese arroyo brillante,
¿seguiría allí silenciosa
como una pupila?

눈물이 찾아올 때 내 몸은 텅 빈 항아리가 되지

거리 한가운데에서 얼굴을 가리고 울어보았지
믿을 수 없었어, 아직 눈물이 남아 있었다니

눈물이 찾아올 때 내 몸은 텅 빈 항아리가 되지
선 채로 기다렸어, 그득 차오르기를

모르겠어, 얼마나 많은 사람들이 나를 스쳐갔는지
거리 거리, 골목 골목으로 흘러갔는지

누군가 내 몸을 두드렸다면 놀랐을 거야
누군가 귀 기울였다면 놀랐을 거야
검은 물소리가 울렸을 테니까
깊은 물소리가 울렸을 테니까
둥글게
더 둥글게
파문이 번졌을 테니까

믿을 수 없었어, 아직 눈물이 남아 있었다니
알 수 없었어, 더는 아무것도 두렵지 않다니

거리 한가운데에서 혼자 걷고 있을 때였지
그렇게 영원히 죽었어, 내 가슴에서 당신은

거리 한가운데에서 혼자 걷고 있을 때였지
그렇게 다시 깨어났어, 내 가슴에서 생명은

SOY UNA TINAJA VACÍA CUANDO
SE ME SALTAN LAS LÁGRIMAS

Una vez lloré tapándome la cara con las manos en plena calle.
Todavía me quedaban lágrimas, no lo podía creer.

Soy una tinaja vacía cuando se me saltan las lágrimas.
Me quedé esperando a que se llenara, allí de pie.

No sé cuántas personas pasaron a mi lado,
cuántas se derramaron por las calles y callejones.

Si alguien me hubiera dado unos golpecitos, se hubiera sorprendido.
Si alguien hubiera acercado la oreja, se hubiera asombrado,
pues habría resonado un agua oscura,
pues habría resonado un agua profunda,
pues las ondas se habrían propagado
redondas
y más redondas.

Todavía me quedaban lágrimas, no lo podía creer.
Ya no tenía miedo de nada, quién sabe por qué.

Ocurrió cuando iba andando sola por la calle.
Te moriste en mi corazón, para siempre.

Ocurrió cuando iba andando sola por la calle.
La vida volvió a nacer en mi corazón.

이천오년 오월 삼십일, 제주의 봄바다는 햇빛이 반. 물고기 비늘 같은 바람은 소금기를 힘차게 내 몸에 끼얹으며, 이제부터 네 삶은 덤이라고

어린 새가 날아가는 걸 보았다
아직 눈물이 마르지 않았다

30 DE MAYO DE 2005. LA MITAD DEL MAR DE JEJU BRILLA CON UN SOL PRIMAVERAL. EL VIENTO, ESCAMOSO COMO LOS PECES, NO PARA DE ARROJARME SAL, AL TIEMPO QUE ME DICE: «ESTÁS VIVIENDO DE MÁS A PARTIR DE AHORA».

    Voló un pájaro joven.
    Aún no se me secan las lágrimas.

2부

해부극장

SEGUNDA PARTE

TEATRO DE LA ANATOMÍA HUMANA

조용한 날들

아프다가

담 밑에서
하얀 돌을 보았다

오래 때가 묻은
손가락 두 마디만 한
아직 다 둥글어지지 않은 돌

좋겠다 너는,
생명이 없어서

아무리 들여다봐도
마주 보는 눈이 없다

어둑어둑 피 흘린 해가
네 환한 언저리를 에워싸고

나는 손을 뻗지 않았다
무엇에게도

아프다가

돌아오다가

지워지는 길 위에
쪼그려 앉았다가

손을 뻗지 않았다

DÍAS CALLADOS

Estando mala

descubrí un guijarro blanco
al pie del muro.

Sucio de mucho tiempo,
grande como dos falanges,
aún no redondeado del todo.

Qué suerte tienes
de no estar vivo.

Por mucho que lo mire,
no se cruzan nuestras miradas.

El sangriento sol del ocaso
baña tus bordes claros.

No estiré la mano
ni toqué nada.

Enferma

o repuesta

en cuclillas
en una calle cada vez más borrosa

nunca estiré la mano.

어두워지기 전에

어두워지기 전에
그 말을 들었다.

어두워질 거라고.
더 어두워질 거라고.

지옥처럼 바싹 마른 눈두덩을
너는 그림자로도 문지르지 않고
내 눈을 건너다봤다,
내 눈 역시
바싹 마른 지옥인 것처럼.

어두워질 거라고.

더 어두워질 거라고.

(두려웠다.)
두렵지 않았다.

ANTES DE QUE OSCUREZCA

Lo escuché
antes del anochecer.

Que iba a oscurecer.
Que se iba a poner más oscuro.

Sin enjugar siquiera con la sombra
tus párpados resecos como el infierno,
me miraste
como si mis ojos
estuvieran secos como los tuyos.

Que iba a oscurecer.

Que se iba a poner más oscuro.

(Tuve miedo).
No tuve miedo.

해부극장*

한 해골이
비스듬히 비석에 기대어 서서
비석 위에 놓인 다른 해골의 이마에
손을 얹고 있다

섬세한
잔뼈들로 이루어진 손
그토록 조심스럽게
가지런히 펼쳐진 손

안구가 뚫린 텅 빈 두 눈이
안구가 뚫린 텅 빈 두 눈을 들여다본다

(우린 마주 볼 눈이 없는걸.)
(괜찮아, 이렇게 좀더 있자.)

---

* 16세기 이탈리아에서 활동한 해부학자 안드레아 베살리우스의 책. 수년간의 급진적 해부 연구 끝에 인간의 뼈와 장기, 근육 등 정교한 세부를 목판에 새겨 제작했다. 독특한 구도의 해골 그림들이 실려 있다.

TEATRO DE LA ANATOMÍA*

Un esqueleto de pie
apoyado sobre un pedestal
tiene la mano
posada sobre un cráneo
tumbado de lado.

Una mano conformada
por huesos pequeños,
una mano extendida
con suavidad y delicadeza.

Dos órbitas vacías
contemplan otras dos órbitas vacías.

(No tenemos ojos para mirarnos).
(No importa, quedémonos así un rato).

---

* Andrés Vesalio, padre de la anatomía moderna, escribió en el siglo XVI el libro *De la estructura del cuerpo humano*, en el que presenta un detallado examen de los órganos, huesos y músculos del cuerpo humano en pormenorizadas xilografías. Llaman la atención los esqueletos en diferentes poses.

해부극장 2

나에게
혀와 입술이 있다.

그걸 견디기 어려울 때가 있다.

견딜 수 없다, 내가

안녕,
이라고 말하고
어떻게 생각하세요,
라고 말하고
정말이에요,
라고 대답할 때

구불구불 휘어진 혀가
내 입천장에
매끄러운 이의 뒷면에
닿을 때
닿았다 떨어질 때

*

그러니까 내 말은,

안녕.

어떻게 생각하세요.

진심이야.

후회하고 있어.

이제는 아무것도 믿고 있지 않아.

TEATRO DE LA ANATOMÍA 2

Poseo
lengua y labios.

Pero a veces no los aguanto.

No puedo soportar

cuando digo
hola,
pregunto
qué opinas
y respondo
es verdad,

cuando la lengua
sinuosamente arqueada
toca el paladar
detrás de los dientes lisos
y luego se aparta.

*

Lo que quiero decir

con hola

qué opinas.

Soy sincera.

Lo lamento.

Ya no creo en nada.

*

나에게
심장이 있다,
통증을 모르는
차가운 머리카락과 손톱들이 있다.

그걸 견디기 어려울 때가 있다

나에게 붉은 것이 있다,라고
견디며 말한다
일 초마다 오므렸다 활짝 펼쳐지는 것,
일 초마다 한 주먹씩 더운 피를 뿜어내는 것이 있다

*

수년 전 접질렸던 발목에
새로 염증이 생겨
걸음마다 조용히 불탈 때가 있다

그보다 오래전
교통사고로 다친 무릎이
마룻장처럼 삐걱일 때가 있다

그보다 더 오래전 으스러졌던 손목이
손가락 관절들이
다정하게
고통에 찬 말을 걸어온다

*

그러나 늦은 봄 어느 오후
검푸른 뢴트겐 사진에 담긴 나는
그리 키가 크지 않은 해골

살갗이 없으니
물론 여위었고

*

Poseo
un corazón,
también pelos y uñas frías
insensibles al dolor.

Pero a veces no los aguanto.

Apenas soporto decir
que tengo una cosa roja
que se encoge y dilata cada segundo
arrojando un puñado de sangre caliente.

*

El tobillo que me torcí hace años
a veces se vuelve a inflamar
y se incendia en silencio a cada paso que doy.

La rodilla que me lastimé mucho antes
en un accidente de tráfico
a veces chirría como el parqué del suelo.

La muñeca que me disloqué mucho antes aún
y también las articulaciones de los dedos
cordialmente
me dirigen palabras llenas de dolor.

*

Pero una tarde de primavera tardía
me vi en una placa fotográfica de Röntgen negroazulada
como un esqueleto no muy alto.

Escuálido
por no tener piel ni carne,

역삼각형의 골반 안쪽은 텅 비어 있다
엉치뼈 위의 디스크 하나가
초승달처럼 곱게, 조금 닳아 있다

썩지 않을,
영원히 멈춰 있는
섬세한 잔뼈들

뻥 뚫린 비강과 동공이
곰곰이 내 얼굴을 마주 본다
혀도 입술도 없이
어떤 붉은 것, 더운 것도 없이

*

몸속에 맑게 고였던 것들이
뙤약볕에 마르는 날이 간다
끈적끈적한 것
비통한 것까지
함께 바싹 말라 가벼워지는 날

겨우 따뜻한 내 육체를
메스로 가른다 해도
꿈틀거리는 무엇도 들여다볼 수 없을

다만 해가 있는 쪽을 향해 눈을 잠그고
주황색 허공에
생명, 생명이라고 써야 하는 날

혀가 없는 말이어서
지워지지도 않을 그 말을

completamente vacío el triángulo invertido de la pelvis,
un disco intervertebral encima del sacro
se ve suave y gastado como una luna creciente.

Delicados huesecillos,
incorruptibles,
eternamente inmóviles.

La cavidad nasal y las órbitas huecas
me observan fijamente
sin lengua ni labios,
sin nada rojo ni caliente.

*

Hay días en que el sol seca
los líquidos claros de mi cuerpo.
Tanto se resecan lo viscoso
y también lo triste
que su peso se aligera.

Aunque abran con un bisturí
mi cuerpo apenas tibio,
no verán nada que se mueva.

Pero el día que cierre los ojos de cara al sol
y escriba «vida, vida»
sobre el cielo naranja,

no se borrará,
pues no tengo lengua.

피 흐르는 눈

나는 피 흐르는 눈을 가졌어.

그밖에 뭘 가져보았는지는
이제 잊었어.

달콤한 것은 없어.
씁쓸한 것도 없어.
부드러운 것,
맥박 치는 것,
가만히 심장을 문지르는 것

무심코 잊었어, 어쩌다
더 갈 길이 없어.

모든 것이 붉게 보이진 않아, 다만
모든 잠잠한 것을 믿지 않아, 신음은
생략하기로 해

난막卵膜처럼 얇은 눈꺼풀로
눈을 덮고 쉴 때

그때 내 뺨을 사랑하지 않아.
입술을, 얼룩진 인중을 사랑하지 않아.

나는 피 흐르는 눈을 가졌어.

OJOS QUE SANGRAN

Tengo ojos que sangran.

No recuerdo
que haya tenido algo más.

No tengo nada dulce,
tampoco nada amargo,
nada suave,
nada palpitante,
nada que enjugue mi corazón.

Me olvidé sin querer,
ya no tengo adónde más ir.

No es que vea todo rojo, solo que
no confío en nada calmo; de los gemidos
mejor no hablemos.

Cuando descanso cubriendo mis ojos
con un fino velo conjuntivo,

entonces no amo mis mejillas,
tampoco mis labios, ni el surco nasal manchado.

Solo tengo ojos que sangran.

피 흐르는 눈 2

여덟 살이 된 아이에게
인디언 식으로 내 이름을 지어달라 했다

펄펄 내리는 눈의 슬픔

아이가 지어준 내 이름이다

(제 이름은 반짝이는 숲이라 했다)

그후 깊은 밤이면 눈을 감을 때마다
눈꺼풀 밖으로
육각형의 눈이 내렸지만
그것을 볼 수 없었다

보이는 것은
피의 수면

펄펄 내리는 눈 속에
두 눈을 잠그고 누워 있었다

OJOS QUE SANGRAN 2

Le pedí que me pusiera un nombre indio
a mi hijo que cumplió ocho años.

Tristeza de la Nieve que Cae Abundante.

Es el nombre que me puso.

(El suyo dijo que era Bosque Brillante).

Desde entonces, cuando cierro los ojos tarde en la noche
caen cristales hexagonales
fuera de mis párpados,
pero no los puedo ver.

Lo que sí veo
es la superficie de la sangre.

Mientras la nieve cae abundante,
me quedo tumbada con los ojos cerrados.

피 흐르는 눈 3

허락된다면 고통에 대해서 말하고 싶어

초여름 천변
흔들리는 커다란 버드나무를 올려다보면서
그 영혼의 주파수에 맞출
내 영혼이 부서졌다는 걸 깨달았던 순간에 대해서

(정말) 허락된다면 묻고 싶어

그렇게 부서지고도
나는 살아 있고

살갗이 부드럽고
이가 희고
아직 머리털이 검고

차가운 타일 바닥에
무릎을 꿇고
믿지 않는 신을 생각할 때
살려줘, 란 말이 어슴푸레 빛난 이유

눈에서 흐른 끈끈한 건
어떻게 피가 아니라 물이었는지

부서진 입술

어둠 속의 혀

(아직) 캄캄하게 부푼 허파로

더 묻고 싶어

OJOS QUE SANGRAN 3

Si me lo permites, quisiera hablarte de mi dolor.

Sobre ese instante a principios del verano junto a un arroyo,
con la vista en un sauce alto y grande que se mecía,
cuando mi alma iba a entrar en sintonía con la tuya
y supe que estaba hecha añicos.

Si me lo permites (de verdad), quisiera preguntarte la razón.

De que yo siga con vida
aunque el alma se haya hecho añicos.

De que la piel sea suave,
los dientes, blancos,
los cabellos, aún negros.

De por qué cuando pienso en un dios en el que no creo,
arrodillada
sobre el frío suelo de baldosas,
brilla tenue la frase «Sálvame».

De por qué eso viscoso que se derrama de mis ojos
no es sangre sino agua.

Con los labios rotos,

con la lengua en la oscuridad,

con los pulmones (todavía) negros e hinchados,

quiero hacerte más preguntas,

허락된다면,
(정말)
허락되지 않는다면,
아니,

si me lo permites
(de verdad).
Si no,
no lo haré.

피 흐르는 눈 4

이 어스름한 저녁을 열고
세상의 뒤편으로 들어가 보면
모든 것이
등을 돌리고 있다

고요히 등을 돌린 뒷모습들이
차라리 나에겐 견딜 만해서
되도록 오래
여기 앉아 있고 싶은데

빛이라곤
들어와 갇힌 빛뿐

슬픔이라곤
이미 흘러나간 자국뿐

조용한 내 눈에는
찔린 자국뿐

피의 그림자뿐

흐르는 족족

재가 되는
검은

OJOS QUE SANGRAN 4

Cuando al abrir esta tarde crepuscular
entro al otro lado del mundo,
encuentro que todo
me da la espalda.

Como no me cuesta mucho aguantar
esas espaldas silenciosas,
quisiera quedarme más tiempo
sentada aquí.

Pero la única luz que tengo
es luz encerrada.

Pero la única tristeza
es huella del tiempo pasado.

En mis ojos callados
solo queda la huella del pinchazo.

Solo queda la sombra de la sangre

que al derramarse

se vuelve ceniza
negra.

저녁의 소묘

어떤 저녁은 피투성이
(어떤 새벽이 그런 것처럼)

가끔은 우리 눈이 흑백 렌즈였으면

흑과 백
그 사이 수없는 음영을 따라

어둠이 주섬주섬 얇은 남루들을 껴입고

외등을 피해 걸어오는 사람의
평화도,
오랜 지옥도
비슷하게 희끗한 표정으로 읽히도록

외등은 희고

외등 갓의 바깥은 침묵하며 잿빛이도록

그의 눈을 적신 것은
조용히, 검게 흘러내리도록

ESBOZO DEL ANOCHECER

Algunos anocheceres están manchados de sangre
(lo mismo que algunas mañanas).

Si a veces pudiéramos ver en blanco y negro,

sensibles a los incontables claroscuros
que escalonan el blanco y el negro,

la oscuridad se vestiría con sus delgados harapos

para que la tranquilidad
o el antiguo infierno
de quien se acerca evitando la farola
aparezca con la misma expresión blanquecina

para que la farola sea blanca

para que fuera de la pantalla sea un mutismo ceniciento

para que lo que empapa sus ojos
se derrame silenciosamente negro.

조용한 날들 2

비가 들이치기 전에
베란다 창을 닫으러 갔다

(건드리지 말아요)

움직이려고 몸을 껍데기에서 꺼내며 달팽이가 말했다

반투명하고 끈끈한
얼룩을 남기며 조금 나아갔다

조금 나아가려고 물컹한 몸을 껍데기에서
조금 나아가려고 꺼내 예리한
알루미늄 새시 사이를

찌르지 말아요

짓이기지 말아요

1초 만에
으스러뜨리지 말아요

(하지만 상관없어, 네가 찌르든 부숴뜨리든)

그렇게 조금 더
나아갔다

DÍAS CALLADOS 2

Fui a cerrar la ventana del balcón
para que no entrara la lluvia.

(Déjame tranquilo).

Dijo el caracol saliendo de su caparazón para moverse.

Avanzó un poco dejando
un rastro viscoso y traslúcido.

Sacó el cuerpo gelatinoso de su caparazón para avanzar un poco,
para avanzar un poco por el afilado
borde de aluminio de la ventana.

No te cortes.

No te aplastes.

No te despachurres
en un segundo.

(No importa que me claves o revientes).

Así avanzó
otro poco.

저녁의 소묘 2

목과 어깨 사이에
얼음이 낀다.

그게 부서지는 걸 지켜보고 있다.

이제는
더 어둡다

손끝으로 더듬어 문을 찾는 사람을
손끝으로 느끼면서 알지 못한다

그가
나가려는 것인지
(어디로) 들어가려는 것인지

ESBOZO DEL ANOCHECER 2

Se me forma hielo
entre la nuca y los hombros.

Observo cómo se rompe.

Ahora
está más oscuro.

Toco con las yemas de los dedos a alguien
que busca la puerta a tientas, pero no sé quién es.

No sé
si quiere salir
o entrar (adónde).

저녁의 소묘 3

— 유리창

유리창,
얼음의 종이를 통과해
조용한 저녁이 흘러든다

붉은 것 없이 저무는 저녁

앞집 마당
나목에 매놓은 빨랫줄에서
감색 학생코트가 이따금 펄럭인다

(이런 저녁
내 심장은 서랍 속에 있고)

유리창,
침묵하는 얼음의 백지

입술을 열었다가 나는

단단한 밀봉을
배운다

ESBOZO DEL ANOCHECER 3

El cristal de la ventana

Silencioso se derrama el anochecer
por el cristal de la ventana,
papel de hielo.

Anochece sin rojeces.

Cada tanto ondea un abrigo azul de estudiante
en la cuerda de tender
atada al árbol desnudo de la casa vecina.

(En anocheceres como este
guardo mi corazón en el cajón).

El cristal de la ventana,
mudo papel de hielo en blanco.

Al abrir los labios,

aprendo
a sellarlos a cal y canto.

3부
저녁 잎사귀

TERCERA PARTE

LAS HOJAS AL ANOCHECER

여름날은 간다

검은 옷의 친구를 일별하고 발인 전에 돌아오는 아침 차창 밖으로 늦여름의 나무들 햇빛 속에 서 있었다 나무 들은 내가 지나간 것을 모를 것이다 지금 내가 그중 단 한 그루의 생김새도 떠올릴 수 없는 것처럼 그 잎사귀 한 장 몸 뒤집는 것 보지 못한 것처럼 그랬지 우린 너무 짧게 만 났지 우우우 몸을 떨어 울었다 해도 틈이 없었지 새어들 숨구멍 없었지 소리 죽여 두 손 내밀었다 해도 그 손 향해 문득 놀라 돌아봤다 해도

SE VA EL VERANO

Volviendo del velatorio por la mañana, antes del entierro, después de despedirme de mi amiga vestida de luto, vi pasar por la ventana del autobús los árboles bajo el sol del final del verano. Así como yo no me acuerdo del aspecto de ninguno de ellos, así como no vi que ninguna de las hojas se volviera del revés, seguramente los árboles no supieron que yo pasaba a su lado. De la misma manera, nuestro encuentro fue demasiado corto. Aunque sollozamos temblando, no hubo resquicio o rendija por donde poder diluirnos. Y eso que te tendí las manos conteniendo la respiración; y eso que te giraste, sorprendida por el gesto.

저녁 잎사귀

푸르스름한
어둠 속에 웅크리고 있었다
밤을 기다리고 있다고 생각했는데
찾아온 것은 아침이었다

한 백 년쯤
시간이 흐른 것 같은데
내 몸이
커다란 항아리같이 깊어졌는데

혀와 입술을 기억해내고
나는 후회했다

알 것 같다

일어서면 다시 백 년쯤
볕 속을 걸어야 한다
거기 저녁 잎사귀
다른 빛으로 몸 뒤집는다 캄캄히
잠긴다

LAS HOJAS AL ANOCHECER

Estaba acurrucada en la oscuridad
azulada.
Creía estar esperando la noche
pero fue la mañana la que vino a mí.

Me pareció
que habían pasado como cien años,
que mi cuerpo
se había hecho profundo como una gran tinaja,

pero recordé que tenía lengua y labios
y me arrepentí.

Creo que lo entiendo.

Si me incorporo, tendré que
caminar otros cien años bajo el sol.
Allí las hojas al anochecer
se giran con otro color. Se hunden
en la oscuridad.

효에게. 2002. 겨울

바다가 나한테 오지 않았어.
겁먹은 얼굴로
아이가 말했다
밀려오길래, 먼 데서부터
밀려오길래
우리 몸을 지나 계속
차오르기만 할 줄 알았나 보다

바다가 너한테 오지 않았니
하지만 다시 밀려들기 시작할 땐
다시 끝없을 것처럼 느껴지겠지
내 다리를 끌어안고 뒤로 숨겠지
마치 내가
그 어떤 것,
바다로부터조차 널
지켜줄 수 있는 것처럼

기침이 깊어
먹은 것을 토해내며
눈물을 흘리며
엄마, 엄마를 부르던 것처럼
마치 나에게
그걸 멈춰줄 힘이 있는 듯이

하지만 곧
너도 알게 되겠지
내가 할 수 있는 일은
기억하는 일뿐이란 걸
저 번쩍이는 거대한 흐름과
시간과
成長,

A HYO, INVIERNO DE 2002

«¡El mar no me ha llevado!»,
exclamó el niño
con cara de susto.
Al ver el mar arremolinarse,
arremolinarse desde lejos,
creyó que no pararía de crecer
hasta cubrirnos.

El mar no te ha llevado,
pero cuando vuelva a arremolinarse,
te parecerá otra vez que es infinito
y te esconderás detrás de mí, abrazado a mis piernas,
como si yo
fuera capaz de protegerte
de todas las cosas,
incluso del mar.

Como cuando al empeorar la tos
devolviste la comida
y llorando
me llamaste «mamá, mamá»,
como si yo
tuviera el poder de poner fin a tus males.

Pero pronto
tú también sabrás
que lo único que puedo hacer yo
es recordar.
Recordar que estuvimos juntos
ante esa gigantesca y centelleante ola,
ante el tiempo

집요하게 사라지고
새로 태어나는 것들 앞에
우리가 함께 있었다는 걸

색색의 알 같은 순간들을
함께 품었던 시절의 은밀함을
처음부터 모래로 지은
이 몸에 새겨두는 일뿐인 걸

괜찮아
아직 바다는 오지 않으니까
우리를 쓸어 가기 전까지
우린 이렇게 나란히 서 있을 테니까
흰 돌과 조개껍데기를 더 주울 테니까
파도에 젖은 신발을 말릴 테니까
까끌거리는 모래를 털며
때로는
주저앉아 더러운 손으로
눈을 훔치기도 하며

y el crecimiento,
ante todas las cosas que desaparecen
y nacen de nuevo.

Que solo podemos grabar
en estos cuerpos hechos de arena
esos instantes como huevos de colores,
la intimidad de las horas que compartimos juntos.

No tengas miedo
que el mar todavía no ha venido,
que estaremos juntos
hasta que nos lleve,
que seguiremos recogiendo piedras y conchas blancas,
que pondremos a secar los zapatos mojados por las olas,
sacudiéndonos la arena rasposa,
que de vez en cuando
nos dejaremos caer al suelo y con las manos sucias
nos secaremos los ojos.

괜찮아

태어나 두 달이 되었을 때
아이는 저녁마다 울었다
배고파서도 아니고 어디가
아파서도 아니고
아무 이유도 없이
해질녘부터 밤까지 꼬박 세 시간

거품 같은 아이가 꺼져버릴까 봐
나는 두 팔로 껴안고
집 안을 수없이 돌며 물었다
왜 그래.
왜 그래.
왜 그래.
내 눈물이 떨어져
아이의 눈물에 섞이기도 했다

그러던 어느 날
문득 말해봤다
누가 가르쳐준 것도 아닌데
괜찮아.
괜찮아.
이제 괜찮아.

거짓말처럼
아이의 울음이 그치진 않았지만
누그러진 건 오히려
내 울음이었지만, 다만
우연의 일치였겠지만
며칠 뒤부터 아이는 저녁 울음을 멈췄다

서른 넘어야 그렇게 알았다
내 안의 당신이 흐느낄 때

TODO ESTÁ BIEN

A los dos meses de nacer
el niño lloraba cuando anochecía.
No era que tuviera hambre
o que le doliera algo.
Sin razón alguna,
así estaba tres horas desde el atardecer hasta la noche.

Por miedo a que se esfumara como una burbuja,
lo cogía en brazos
y deambulaba por toda la casa preguntando:
«¿Qué te pasa?
¿Qué te pasa?
¿Qué te pasa?».
Se me caían las lágrimas
y se mezclaban con las del niño.

Un día de pronto,
aunque nadie me lo enseñó,
le dije:
«Todo está bien.
Todo está bien.
Ya está todo bien».

Increíblemente,
aunque el niño no paró de llorar
y la única que sosegó su llanto
fui yo, sin embargo,
de pura casualidad,
unos días después el niño dejó de llorar.

Recién pasados los treinta
supe lo que debía hacer

어떻게 해야 하는지
울부짖는 아이의 얼굴을 들여다보듯
짜디짠 거품 같은 눈물을 향해
괜찮아

왜 그래,가 아니라
괜찮아.
이제 괜찮아.

cuando sollozas dentro de mí.
Como mirando la carita de un niño que gimotea,
me dirijo a tus lágrimas saladas como la espuma:
«Todo está bien».

No digo «qué te pasa»
sino «todo está bien».
«Ya todo está bien».

자화상. 2000. 겨울

초나라에 한 사나이가 살았다
서안으로 가려고 말과 마부와 마차를 샀다
길을 나서자 사람들이 말했다
이보오,
그쪽은 서안으로 가는 길이 아니오
사나이가 대답했다
무슨 소리요?
말들은 튼튼하고 마부는 노련하오
공들여 만든 마차가 있고
여비도 넉넉하오
걱정 마시오, 나는
서안으로 갈 수 있소

세월이 흐른 뒤
저문 사막 가운데
먹을 것도 돈도 떨어지고
마부는 도망치고
말들은 죽고 더러 병들고
홀로 모래밭에 발이 묻힌
사나이가 있다

마른 목구멍에
서걱이는 모래흙,
되짚어갈 발자국들은
길 위의 바람이 쓸어간 지 오래
집념도 오기도 투지도
어떤 치열함과 처연한
인내도
사나이를 서안으로 데려다주지 못한다

AUTORRETRATO, INVIERNO DE 2000

Un hombre de la dinastía Chu
consiguió un caballo, una carreta y un cochero para ir a Xian.
Al ponerse en camino, la gente le advirtió:
«Oiga,
este no es el camino a Xian».
El hombre respondió:
«¿De qué me habláis?
Los caballos son fuertes, el cochero experto,
el coche fue fabricado con esmero
y tengo suficiente dinero para el viaje.
No os preocupéis,
yo llegaré a Xian».

Pasó el tiempo.
En medio del desierto en penumbras,
sin comida ni dinero,
huido el cochero,
los caballos muertos o enfermos,
hay un hombre
solo y con los pies enterrados en la arena.

En su garganta seca,
solo áspero polvo arenoso.
Las huellas para volver sobre sus pasos
fueron borradas hace tiempo por el viento del camino.
Ningún tesón, soberbia o brío,
ninguna bravura ni patética
perseverancia
puede llevarlo a Xian.

초나라의 사나이,
먼 눈
병든 몸으로 영원히
서안으로 가지 못한다

El hombre de Chu,
con los ojos ciegos
y el cuerpo enfermo, nunca
pudo llegar a Xian.

회복기의 노래

이제
살아가는 일은 무엇일까

물으며 누워 있을 때
얼굴에
햇빛이 내렸다

빛이 지나갈 때까지
눈을 감고 있었다
가만히

CANCIÓN DE CONVALECENCIA

¿Qué significa vivir
a partir de ahora?

El sol me daba
en la cara
cuando me lo pregunté, tumbada.

Me quedé quieta,
con los ojos cerrados
hasta que pasó la luz.

그때

내가 가장 처절하게 인생과 육박전을 벌이고 있다고 생각했을 때, 내가 헐떡이며 클린치한 것은 허깨비였다 허깨비도 구슬땀을 흘렸다 내 눈두덩에, 뱃가죽에 푸른 멍을 들였다

그러나 이제 처음 인생의 한 소맷자락과 잠시 악수했을 때, 그 악력만으로 내 손뼈는 바스러졌다

EN ESE ENTONCES

Cuando creía que estaba librando mi batalla más feroz con la vida, el contrincante al que yo sujetaba jadeando no era más que un fantasma. Un fantasma que sudaba gotas gruesas y me dejó moretones azules en el ojo y la panza.

Sin embargo, cuando por primera vez pude coger del brazo a la vida, me dio un apretón de manos tan fuerte que me hizo trizas los huesos.

다시, 회복기의 노래. 2008

은색 꼬리날개가 반짝이는
비행기가 날아가는 것을 본다

오른쪽 산 뒤에서 날아와
새털구름 안쪽으로 사라진다

얼마 지나지 않아

다른 은색 꼬리날개가 빛나는 비행기가
같은 길을 긋고 사라진다

활활
시퍼렇게
이글거리는 하늘
의 눈[眼] 속

어떤 말,
어떤 맹세처럼 활공해
사라진 것들

단단한 주먹을 주머니 속에 감추고
나는 그것들을 혀의 뒷면에 새긴다

감은 눈 밖은 주황빛,
내 몸보다 뜨거운 주황빛

나를 긋고 간 것들

베인 혀 아래 비릿하게 고인 것들

(고요히,
무서운 속력으로)

스스로 흔적을 지운 것들

DE NUEVO CANCIÓN DE CONVALECENCIA, 2008

Miro pasar un avión
de brillante cola plateada.

Ha venido de las montañas de la derecha
y desaparece entre los cirros.

No mucho después

otro avión de brillante cola plateada
traza la misma trayectoria y desaparece

dentro de los ojos
del cielo que brilla
azul
e incandescente

como ciertas palabras,
como ciertas promesas
que vuelan planeando y desaparecen.

Con los puños cerrados escondidos en los bolsillos,
las grabo todas en el reverso de la lengua.

Sobre mis ojos cerrados, luz naranja,
de un naranja más caliente que mi cuerpo.

Igual que las cosas que se fueron después de arañarme,

que se acumularon con sabor a sangre bajo mi lengua cortada,

(en silencio
y a increíble velocidad)

que borraron sus propias huellas.

심장이라는 사물 2

오늘은

목소리를 열지 않았습니다.

벽에 비친 희미한 빛

또는 그림자

그런 무엇이 되었다고 믿어져서요.

죽는다는 건

마침내 사물이 되는 기막힌 일

그게 왜 고통인 것인지

궁금했습니다.

ESA COSA LLAMADA CORAZÓN 2

Hoy

no abrí la voz

porque tuve la certeza de que me había convertido

en una pálida luz reflejada en la pared

o una sombra.

Morirse

es eso terrible de acabar convertido en una cosa.

Me pregunto

por qué eso es un sufrimiento.

저녁의 소묘 4

잊지 않았다

내가 가진 모든 생생한 건
부스러질 것들

부스러질 혀와 입술,
따뜻한 두 주먹

부스러질 맑은 두 눈으로

유난히 커다란 눈송이 하나가
검은 웅덩이의 살얼음에 내려앉는 걸 지켜본다

*무엇인가
반짝인다*

반짝일 때까지

ESBOZO DEL ANOCHECER 4

No me he olvidado.

Se volverá polvo
todo lo que tengo con vida:

la lengua, los labios,
mis dos puños calientes.

Con mis dos ojos claros que serán polvo

observo cómo un copo de nieve especialmente grande
cae sobre la fina capa de hielo de un charco negro.

Algo
brilla.

Mientras brille.

몇 개의 이야기 6

어디 있니. 너에게 말을 붙이려고 왔어. 내 목소리 들리 니. 인생 말고 마음, 마음을 걸려고 왔어. 저녁이 내릴 때 마다 겨울의 나무들은 희고 시린 뼈들을 꼿꼿이 펴는 것 처럼 보여. 알고 있니. 모든 가혹함은 오래 지속되기 때문 에 가혹해.

UNA QUE OTRA HISTORIA 6

¿Dónde estás? He venido para hablar contigo. ¿Oyes mi voz? He venido para apostar mi corazón, no la vida sino mi corazón. Cada vez que anochece, me parece que los árboles en invierno estiran rectos sus gélidos huesos blancos. ¿Lo sabías? La crueldad es cruel porque se prolonga en el tiempo.

몇 개의 이야기 12

어떤 종류의 슬픔은 물기 없이 단단해서, 어떤 칼로도 연마되지 않는 원석原石과 같다.

UNA QUE OTRA HISTORIA 12

Ciertas tristezas son tan duras y resecas que son como gemas en bruto que no se dejan pulir por ningún filo.

날개

그 고속도로의 번호는 모른다
아이오와에서 시카고로 가는 큰길 가장자리에
새 한 마리가 죽어 있다
바람이 불 때
거대한 차가 천둥 소리를 내며 지나칠 때
잎사귀 같은 날개가 조용히 펄럭인다
십 마일쯤 더 가서
내가 탄 버스가 비에 젖기 시작한다

그 날개가 젖는다

ALAS

No sé qué número de autopista es.
Al borde de la ancha carretera que va de Iowa a Chicago
hay un pájaro muerto.
Cuando sopla el viento
cuando pasa tronando un camión enorme,
sus alas se mueven silenciosas como hojas.
Caen las primeras gotas de lluvia
sobre el autocar que tomé diez millas después.

Esas alas se están mojando.

4부

거울 저편의 겨울

CUARTA PARTE

EL INVIERNO AL OTRO LADO DEL ESPEJO

거울 저편의 겨울

1

불꽃의 눈동자를 들여다본다

파르스름한
심장
모양의 눈

가장 뜨겁고 밝은 건
그걸 둘러싼
주황색 속불꽃

가장 흔들리는 건
다시 그걸 둘러싼
반투명한 겉불꽃

내일 아침은 내가
가장 먼 도시로 가는 아침

오늘 아침은
불꽃의 파르스름한 눈이
내 눈 저편을 들여다본다

2

지금 나의 도시는 봄의 아침인데요 지구의 핵을 통과 하면, 흔들리지 않고 중심을 꿰뚫으면 그 도시가 나오는 데요 그곳의 시차는 꼭 열두 시간 뒤, 계절은 꼭 반년 뒤 그러니까 그 도시는 지금 가을의 저녁 누군가가 가만히 뒤따라오듯 그 도시가 나의 도시를 뒤따라오는데요 밤을 건너려고 겨울을 건너려고 가만히 기다리는데요 누군가 가 가만히 앞질러 가듯 나의 도시가 그 도시를 앞질러 가 는 동안

EL INVIERNO AL OTRO LADO DEL ESPEJO

1

Contemplo el ojo de la llama.

Un ojo azulado
con forma
de corazón.

La más caliente y brillante
es la llama interna color naranja
que envuelve el ojo.

La más ondulante
es la llama exterior traslúcida
que rodea la anterior.

Mañana por la mañana será el día
en que iré a la más lejana de las ciudades.

Esta mañana
el ojo azulado de la llama
mira al otro lado de mis ojos.

2

Ahora en mi ciudad es mañana de primavera, pero si atravesara el núcleo de la Tierra, si lo penetrara por el centro sin temblar, aparecería entonces aquella ciudad. Allí son exactamente doce horas menos y la estación es exactamente medio año antes, así que allí es de noche y es otoño. Sigilosa, esa ciudad va detrás de mi ciudad, mientras espera a cruzar la noche y el invierno; mientras mi ciudad se adelanta, sigilosa.

3

거울 속에서 겨울이 기다리고 있었어

추운 곳

몹시 추운 곳

너무 추워
사물들은 떨지 못해
(얼어 있던) 네 얼굴은
부서지지도 못해

나는 손을 내밀지 않아
너도
손을 내미는 걸 싫어하지

추운 곳

오래 추운 곳

너무 추워
눈동자들은 흔들리지 못해
눈꺼풀들은
(함께) 감기는 법을 모르고

거울 속에서
겨울이 기다리고

거울 속에서
네 눈을 나는 피하지 못하고

너는 손을 내미는 걸 싫어하지

3

Me espera el invierno dentro del espejo.

Un lugar frío.

Muy frío.

Tan frío
que las cosas no tiemblan,
que tu cara (congelada)
no se quiebra.

Yo nunca pido.
A ti
tampoco te gusta pedir.

Un lugar frío.

Frío de hace tiempo.

Tan frío
que las pupilas no tiemblan,
que los párpados
no pueden cerrarse (al mismo tiempo).

Dentro del espejo
me espera el invierno.

No puedo rehuir tu mirada
dentro del espejo.

A ti no te gusta pedir.

4

만 하루 동안 비행할 거라고 했다

스물네 시간을 꼭꼭 접어서 입속에 털어넣고
거울 속으로 들어간다고 했다

그 도시의 숙소에 짐을 풀면
오래 세수를 해야지

이 도시의 고통이 가만히 앞질러 가면
나는 가만히 뒤처져 가고

네가 잠시 안 들여다보는
거울의 찬 뒷면에 등을 기대고
아무렇게나 흥얼거려야지

스물네 시간을 꼭꼭 접어서
따가운 혀로 밀어 뱉어낸 네가
돌아가 나를 들여다볼 때까지

5

내 눈은 두 개의 몽당양초 뚜욱뚝 촛농을 흘리며 심지 를 태우는데요 그게 뜨겁지도 아프지도 않은데요 파르스 름한 불꽃심이 흔들리는 건 혼들이 오는 거라는데요 혼들 이 내 눈에 앉아 흔들리는데요 흥얼거리는데요 멀리 너울 거리는 겉불꽃은 더 멀어지려고 너울거리는데요 내일 당 신은 가장 먼 도시로 가는데요 내가 여기서 타오르는데요 당신 은 이제 허공의 무덤 속에 손을 넣고 기다리는데요 뱀처럼 당신의 손가락을 무는데요 당신은 뜨겁지 도 아프지도 않은데요 꼼짝하지 않는 당신의 얼굴은 불타 지도 부서지지 도 않는데요,

4

Será un viaje de un día entero.

Una vez que me meta en la boca las veinticuatro horas bien dobladas,
entraré dentro del espejo.

Una vez que llegue a esa ciudad y deshaga la maleta
me lavaré la cara un buen rato.

Cuando el sufrimiento de esta ciudad se me adelante sigilosamente
me quedaré sigilosamente rezagada.

Con la espada apoyada en la fría superficie de atrás del espejo
canturrearé una canción cualquiera
cuando no me estés mirando.

Hasta que tú, que escupiste con tu lengua mordaz
las veinticuatro horas bien dobladas,
regreses y vuelvas a mirarme.

5

Mis ojos son dos cabos de vela cuyas mechas arden derramando goterones. Sin embargo, no queman ni duelen. Cuando tiembla el corazón azulado es porque han llegado los espíritus, que se sientan en mis ojos, se mecen y canturrean. La llama externa flamea lejos para llegar aún más lejos. Mañana te irás a la ciudad más lejana, mientras yo me quedo aquí ardiendo. Ahora esperas con las manos dentro de una tumba aérea, los recuerdos te muerden los dedos como una serpiente, pero no te quemas ni te duele. Tu cara inmutable no arde ni se quiebra.

거울 저편의 겨울 2

새벽에
누가 나에게 말했다

그러니까, 인생에는 어떤 의미도 없어
남은 건 빛을 던지는 것뿐이야

나쁜 꿈에서 깨어나면
또 한 겹 나쁜 꿈이 기다리던 시절

어떤 꿈은 양심처럼
무슨 숙제처럼
명치 끝에 걸려 있었다

빛을
던진다면

빛은
공 같은 걸까

어디로 팔을 뻗어
어떻게 던질까

얼마나 멀게, 또는 가깝게

숙제를 풀지 못하고 몇 해가 갔다
때로
두 손으로 간신히 그러쥐어 모은
빛의 공을 들여다보았다

그건 따뜻했는지도 모르지만
차갑거나
투명했는지도 모르지만

EL INVIERNO AL OTRO LADO DEL ESPEJO 2

Alguien me dijo
una madrugada

que la vida no tenía ningún sentido,
que lo único que se podía hacer era lanzar una luz.

En la época en que me despertaba de una pesadilla
y me esperaba otra capa de pesadilla

algunos sueños, como la conciencia
o una tarea sin cumplir,
se me quedaban atascados en la boca del estómago.

Si yo
lanzara una luz

¿se asemejaría
a una bola?

¿Hacia dónde estirar el brazo
y cómo lanzarla?

¿Cómo de lejos o cómo de cerca?

Pasaron años sin que pudiera cumplir la tarea.
A veces
me quedo mirando la bola de luz
que conseguí reunir a duras penas con mis manos.

Quizás era caliente
o quizás fría
y transparente.

손가락 사이로 흘러내리거나
하얗게 증발했는지도 모르지만

지금 나는
거울 저편의 정오로 문득 들어와
거울 밖 검푸른 자정을 기억하듯
그 꿈을 기억한다

Quizás se me derretía entre los dedos
o se evaporaba blanca.

Pero ahora
que estoy dentro del mediodía al otro lado del espejo,
me acuerdo de ese sueño
como si recordara la medianoche profunda de fuera del espejo.

거울 저편의 겨울 3

— J에게

조용히
미끄러져 내려가고 있었다
어디로 들어가는지 모르면서
더 미끄러져 들어가고 있었을 때

오랜만에 만난 친구가 말했다 너, 요즘은 아주 빠르게 걷는구나 학교 다닐 때 너는 아주 빠르게 걷거나 아주 느 리게 걷는 아이였는데 졸업하고서 한참 뒤에 내가 아주 느리게 걸을 때 너를 보고 싶었던 건 네가 아주 느리게 걷 던 아이였기 때문이었는데 그때 만일 갑자기 너를 만난다 면 네가 아주 빠르게 걷고 있었으면 했는데 그건 네가 아 주 느리게 걸었던 몸으로 아주 빠르게 나에게 걸어올 수 있었을 테니까 내가 정말 너를 우연히 거리에서 보았을 때 너는 정말 그렇게 빨리 걸어오고 있었는데 나는 아주 느리게, 거의 멈춘 채로 걷고 있었는데 네가 내 이름을 부 른 순간 나는 입술이 일그러졌는데 그건 울기 위해서가 아니었지만 어쨌든 나는 글썽이기 시작했는데 그건 단지 내가 아주 느리게 걷고 있었기 때문이었고 단지 너는 아 주 빠르게 걷는 사람의 팔로 짧게 나를 안아주었는데 나 는 그걸 잊을 수 없었는데 어느 날 내가 물었을 때 너는 그날을 기억 못하겠다고 했고 그때 나는 생각했는데 그건 네가 아주, 아주 빠르게 걷던 때였기 때문일 거라고

왜 이렇게 춥지,
네가 웃으며 말했다
이곳은
꽤 춥구나.

EL INVIERNO AL OTRO LADO DEL ESPEJO 3

A J.

Despacio
me deslizaba hacia abajo
sin saber adónde
me deslizaba aún más abajo.

Una amiga que no veía hace tiempo me dijo: «¡Qué rápido caminas ahora! Cuando estábamos en la escuela, andabas muy rápido o muy despacio». Mucho tiempo después de graduarnos, cuando mis pasos se volvieron muy lentos, tuve ganas de verte por tu lento caminar. Quería encontrarme contigo y que caminaras muy rápido porque entonces te hubieras aproximado a paso rápido con tu cuerpo de cuando andabas lento. Cuando de verdad nos encontramos por casualidad en la calle, te acercaste a mí a paso rápido cuando yo iba muy lento, casi sin moverme. Cuando me llamaste por mi nombre, se me torció la boca, no porque fuera a ponerme a llorar, pero igual se me llenaron los ojos de lágrimas porque yo estaba andando muy despacio y tú me abrazaste brevemente con los brazos de alguien que camina muy rápido y yo no pude olvidarlo. Cuando un día te lo pregunté, me dijiste que no te acordabas de ese día y yo pensé que era porque en ese entonces tú estabas andando muy rápido.

«¿Por qué hace tanto frío?»,
preguntaste con una sonrisa.
«¡Qué frío hace
en este lugar!».

거울 저편의 겨울 4

— 개기일식

생각하고 싶었다
(아직 피투성이로)

태양보다 400배 작은 달이
태양보다 400배 지구에 가깝기 때문에
달의 원이
태양의 원과 정확하게 겹쳐지는 기적에 대하여

검은 코트 소매에 떨어진 눈송이의 정육각형,
1초
또는 더 짧게
그 결정의 형상을 지켜보는 시간에 대하여

나의 도시가
거울 저편의 도시에 겹쳐지는 시간
타오르는
붉은 테두리만 남기는 시간

거울 저편의 도시가
잠시 나의 도시를 관통하는
(뜨거운) 그림자

마주 보는 두 개의 눈동자가
동그랗게 서로를 가리는 순간
완전하게 응시를 지우는 순간

얼음의 고요한 모서리

(아직 피투성이로)
짧게 응시하는 겨울
의 겉불꽃

EL INVIERNO AL OTRO LADO DEL ESPEJO 4

Eclipse total de sol

Quería pensar
(todavía ensangrentada)

en el milagro
de que el disco de la Luna se superponga exactamente al del Sol
aunque sea cuatrocientas veces más pequeña
por estar cuatrocientas veces más cerca de la Tierra.

En el lapso de un segundo
o tal vez más breve
en que es visible un cristal de nieve hexagonal
sobre la manga de mi abrigo negro.

En la hora en que mi ciudad
se superpone a la ciudad del otro lado del espejo,
hora en la que solo queda un rojo borde
ardiente.

En la sombra (caliente)
de la ciudad al otro lado del espejo
cuando atraviesa por un instante mi ciudad.

En el instante en que dos pares de ojos frente a frente
se eclipsan superponiéndose redondos,
instante en que se borran por completo las dos miradas.

En los silenciosos vértices del hielo.

En la llama exterior del invierno
que atisbo brevemente
(todavía ensangrentada).

거울 저편의 겨울 5

시계를 다시 맞추지 않아도 된다,
시차는 열두 시간
아침 여덟 시

덜덜덜
가방을 끌고

입원 가방도
퇴원 가방도 아닌 가방을 끌고

핏자국 없이
흉터도 없이 덜컥거리며

저녁의 뒷면으로
들어가고 있었다

EL INVIERNO AL OTRO LADO DEL ESPEJO 5

No hace falta cambiar la hora del reloj.
Son doce horas de diferencia,
las ocho de la mañana.

Arrastrando la maleta
traqueteante,

arrastrando la maleta
que no es de estar ingresada ni de dada de alta,

dando tumbos, sin señales de sangre
ni cicatrices

he entrado
en el otro lado de la tarde.

거울 저편의 겨울 6

― 중력의 선

사물이 떨어지는 선,
허공에서 지면으로
명료하게

한 점과
다른 점을 가장 빠르게 잇는

가혹하거나 잔인하게,
직선

깃털 달린 사물,
육각형의 눈송이
넓고 팔락거리는 무엇
이 아니라면 피할 수 없는 선

백인들이 건설한
백인들의 거리를 걷다가,
완전한 살육의 기억을 말의 발굽으로 디딘
로카*의 동상을 올려다보다가

거울 이편과 반대편의 학살을 생각하는 나는
난자하는
죽음의 직선들을 생각하는 나는

단 한 군데에도 직선을 숨겨놓지 못한
사람의 몸의 부드러움과

---

* 남미 대륙 남부의 원주민들을 절멸시키고 아르헨티나를 건설한 군인.

EL INVIERNO AL OTRO LADO DEL ESPEJO 6

La línea de la gravedad

Es la trayectoria con la que caen los objetos
desde el aire al suelo,
incontestable.

La línea más rápida
que une un punto con otro punto,

la más implacable
la más cruel.

Salvo los seres que tienen plumas,
los cristales de nieve hexagonales
o un lienzo ancho que tremola,
nadie puede eludir esa línea.

Después de andar por calles llenas de gente blanca,
calles hechas por gente blanca,
y contemplar la estatua de Roca*
que pisoteó los recuerdos de la matanza con los cascos de sus caballos,

al pensar en la matanza de este y del otro lado del espejo,
en las líneas rectas de la muerte
que apuñalan,

en la blandura de los cuerpos
que no tienen dónde esconder esas líneas,

---

* Militar que construyó la Argentina con el exterminio de los indios del sur del continente.

꼭 한 번
완전하게 찾아올
중력의 직선을 생각하는 나는

신도
인간도 믿지 않는
네 침묵을 기억하는 나는

al pensar en la línea de la gravedad
que me llegará incontestable
y sin falta algún día,

yo, que no creo ni en Dios
ni en los hombres,
me acuerdo de tu silencio.

거울 저편의 겨울 7

—오후의 미소

거울 뒤편의
백화점 푸드코트

초로의 지친 여자가
선명한 파랑색 블라우스를 입고
두 병째 맥주를 마시고 있다

스티로폼 접시에
감자튀김이 쌓여 있다

일회용 소스 봉지는 뜯겨 있다

너덜너덜 뜯긴 경계에
달고 끈끈한 소스가 묻어 있다

텅 빈 눈 한 쌍이 나를 응시한다

너를 공격할 생각은 없어
라는 암호가
끌어올린 입꼬리에 새겨진다

수십 개의 더러운 테이블들이
수십 명의 지친 쇼핑객들이
수백 조각의 뜨거운 감자튀김들이

나를 공격할 생각은 마

너덜너덜 뜯긴
식욕을 기다리며,

EL INVIERNO AL OTRO LADO DEL ESPEJO 7

La sonrisa de la tarde

El patio de comidas de un centro comercial
al otro lado del espejo.

Agotada, una mujer aún joven
vestida con una blusa azul claro
se bebe una segunda botella de cerveza.

En el plato de poliestireno,
un montón de patatas fritas.

El sobre de salsa está abierto.

De su borde rasgado con descuido
sale la salsa dulce y pringosa.

Un par de ojos vacíos me mira fijamente.

La señal de
«No pienso hacerte daño»
se le dibuja en las comisuras levantadas de la boca.

Decenas de mesas sucias,
decenas de consumidores cansados,
cientos de patatas fritas calientes.

No penséis en hacerme daño

mientras esperáis el apetito
descuidadamente rasgado.

거울 저편의 겨울 8

흰 지팡이를 짚은 백발의 눈먼 남자 둘이서
앞뒤로 나란히
구두와 지팡이의 리듬을 맞춰 걷고 있었다

앞의 남자가
더듬더듬 상점 문을 열고 들어가자

뒤의 남자는 앞의 남자의 등을
보호하듯 팔로 감싸며 따라 들어갔다

미소 띤 얼굴로
유리문을 닫았다

EL INVIERNO AL OTRO LADO DEL ESPEJO 8

Dos ancianos ciegos con bastones blancos
uno delante del otro
andan acompasando el ritmo de los zapatos y el bastón.

El que va delante
entra en una tienda empujando la puerta a tientas.

El de atrás rodea con el brazo la espalda del otro
como protegiéndolo y entra detrás.

Esbozando una sonrisa
cierra la puerta de cristal.

거울 저편의 겨울 9

— 탱고 극장의 플라멩코

정면을 보며 발을 구를 것

발목이 흔들리거나, 부러지거나
리듬이 흩어지거나, 부스러지거나

얼굴은 정면을 향할 것
두 눈은 이글거릴 것

마주 볼 수 없는 걸 똑바로 쏘아볼 것
그러니까 태양 또는 죽음,
공포 또는 슬픔

그것들을 이길 수만 있다면
심장에 바람을 넣고
미끄러질 것, 비스듬히

(흐느끼는 빵처럼
악기들이 부풀고)

그것들을 이길 수만 있다면
당신을 가질 수도,
죽일 수도 있다고

중력을 타고 비스듬히,
더 팽팽한 사선으로 미끄러질 것

EL INVIERNO AL OTRO LADO DEL ESPEJO 9

Flamenco en el teatro del tango

Hay que golpear los pies con la vista adelante.

Tiemble el empeine o se quiebre,
se pierda el ritmo o se desmorone,

la cara siempre hacia delante,
los ojos siempre ardientes.

Hay que mirar fijo lo que no se puede ver de frente
como el sol, la muerte,
el horror o la tristeza.

Como si se los pudiera vencer,
hay que deslizarse, inclinado,
con el corazón lleno de ínfulas.

(Los instrumentos se inflan
como panes sollozantes).

Si los pudiera vencer,
podría tenerte
o matarte.

Aprovechando la gravedad, inclinado,
hay que deslizarse en una línea oblicua más tensa aún.

거울 저편의 겨울 10

보름 조금 지난
달이 낯설다.

태어나 한 번도 보지 못한 형상,
위쪽의 반원이
미묘하게 움츠러든.

강을 따라 걷던
우리들 중 하나가 말한다.

그야 여기는 무척 남쪽이니까,
우리들의 도시는 무척 북쪽이었으니까.

비스듬한 행성의 축을 타고
그토록 멀리 미끄러져 내려왔으니
시선의 각도에 맞추어
달의 윗면이 오므라든 거라고

손바닥으로 꾹 눌러본 소금 공, 혹은
얼린 밀반죽처럼
(아주 조금) 납작한 달

다른 행성의
다른 달
아래를 걷듯
우리들은 조용히,
(슬프지 않게)

EL INVIERNO AL OTRO LADO DEL ESPEJO 10

Hace poco fue plenilunio
pero la luna se ve extraña.

Nunca vi un fenómeno igual.
La curvatura superior de la luna
se ve ligeramente encogida.

Dice uno de nosotros
mientras caminamos por la orilla del río.

Es porque estamos muy al sur,
en cambio, nuestra ciudad está muy al norte.

Hemos bajado tanto
siguiendo el eje inclinado de la Tierra
que ha cambiado el ángulo de nuestra mirada,
por eso la parte superior de la luna se ve encogida.

Una luna (ligeramente) achatada
como una bola de sal o una masa de harina congelada
aplastada con la mano.

Como si camináramos
por debajo de la luna
de otro planeta,
nos quedamos en silencio
(pero no tristes).

거울 저편의 겨울 11

비 내리는 동물원
철창을 따라 걷고 있었다

어린 고라니들이 나무 아래 비를 피해 노는 동안
조금 떨어져서 지켜보는 어미 고라니가 있었다
사람 엄마와 아이들이 꼭 그렇게 하듯이

아직 광장에 비가 뿌릴 때

살해된 아이들의 이름을 수놓은
흰 머릿수건을 쓴 여자들이
느린 걸음으로 행진하고 있었다

EL INVIERNO AL OTRO LADO DEL ESPEJO 11

Caminábamos bajo la lluvia
alrededor de las rejas del zoológico.

Mientras los cervatillos jugaban al abrigo de los árboles,
un poco más lejos los vigilaba la madre,
igual que las madres humanas hacen con sus niños.

Cuando todavía caía la lluvia en la plaza

mujeres con pañuelos blancos en la cabeza,
bordados con los nombres de los niños asesinados,
marchaban en lenta procesión.

거울 저편의 겨울 12

— 여름 천변, 서울

저녁에
우는 새를 보았어.

어스름에 젖은 나무 벤치에서 울고 있더군.

가까이 다가가도 달아나지 않아서,
손이 닿을 만큼 가까워졌어도
날아가지 않아서,

내가 허깨비가 되었을까
문득 생각했어

무엇도 해칠 수 없는 혼령
같은 게 마침내 된 걸까, 하고

그래서 말해보았지, 저녁에
우는 새에게

스물네 시간을 느슨히 접어
돌아온 나의
비밀을, (차갑게)
피 흘리는 정적을, 얼음이
덜 녹은 목구멍으로

내 눈을 보지 않고 우는 새에게

EL INVIERNO AL OTRO LADO DEL ESPEJO 12

Ribera del arroyo, verano de Seúl

Un pájaro cantaba
al atardecer,

cantaba sobre un banco de madera empapado de crepúsculo.

Como no huía aunque me acerqué,
como no salía volando
aunque casi lo toqué,

pensé por un momento
que me había convertido en un fantasma,

en un espíritu inofensivo
que no puede hacerle daño a nadie

por eso probé a hablarle
al pájaro que cantaba al atardecer

sobre el secreto
de mi regreso doblando flojas las veinticuatro horas,
sobre la quietud que sangra (fría),
le conté al pájaro que,
con su gaznate sin descongelar,

cantaba sin mirarme a los ojos.

5부

캄캄한 불빛의 집

QUINTA PARTE

LA CASA DE LA LUZ OSCURA

캄캄한 불빛의 집

그날 우이동에는
진눈깨비가 내렸고
영혼의 동지同志인 나의 육체는
눈물 내릴 때마다 오한을 했다

가거라

망설이느냐
무엇을 꿈꾸며 서성이느냐

꽃처럼 불 밝힌 이층집들,
그 아래서 나는 고통을 배웠고
아직 닿아보지 못한 기쁨의 나라로
어리석게 손 내밀었다

가거라

무엇을 꿈꾸느냐 계속 걸어가거라

가등에 맺히는 기억을 향해 나는 걸어갔다
걸어가서 올려다보면 가등갓 안쪽은
캄캄한 집이었다 캄캄한
불빛의 집

하늘은 어두웠고 그 어둠 속에서
텃새들은
제 몸무게를 떨치며 날아올랐다
저렇게 날기 위해 나는 몇 번을 죽어야 할까
누구도 손잡아줄 수는 없었다

LA CASA DE LA LUZ OSCURA

Ese día cayó aguanieve
en el barrio de Uidong
y mi cuerpo, compañero del alma,
sufría escalofríos cada vez que se me caían las lágrimas.

Vete.

¿Dudas?
¿Qué sueñas cuando vacilas?

Fue allí en una de esas casas de dos plantas,
iluminadas como flores, donde aprendí lo que es el dolor
y como una tonta extendí la mano
al país de la alegría que nunca llegué a conocer.

Vete.

Sigue tu camino, ¿qué sueñas?

Me dirigí al farol donde se amontonaban los recuerdos.
Al levantar la vista, había una casa oscura
debajo de la tulipa, una oscura
casa de luz.

El cielo estaba nublado y en medio de esa oscuridad
las aves locales
levantaron el vuelo desprendiéndose de su peso.
¿Cuántas veces tendré que morir para volar así?
Nadie me tendió una mano.

무슨 꿈이 곱더냐
무슨 기억이
그리 찬란하더냐

어머니 손끝 같은 진눈깨비여
내 헝클어진 눈썹을 갈퀴질하며
언 뺨 후려치며 그 자리
도로 어루만지며

어서 가거라

¿Qué es ese sueño tan bello?
¿Cuál es ese recuerdo
tan brillante?

Aguanieve, tienes la mano de una madre:
peinas mis cejas desgreñadas,
abofeteas mi mejilla congelada para luego
hacerme una caricia.

Vete de una vez.

첫새벽

첫새벽에 바친다 내
정갈한 절망을,
방금 입술 연 읊조림을

감은 머리칼
정수리까지 얼음 번지는
영하의 바람, 바람에 바친다 내
맑게 씻은 귀와 코와 혀를

어둠들 술렁이며 鋪道를 덮친다
한 번도 이 도시를 떠나지 못한 텃새들
여태 제 가슴털에 부리를 묻었을 때

밟는다, 가파른 골목
바람 안고 걸으면

일제히 외등이 꺼지는 시간
살얼음이 가장 단단한 시간
薄明 비껴 내리는 곳마다
빛나려 애쓰는 조각, 조각들

아아 첫새벽,
밤새 씻기워 이제야 얼어붙은
늘 거기 눈뜬 슬픔,
슬픔에 바친다 내
생생한 혈관을, 고동 소리를

AL PRIMER ALBOR

Al primer albor, le ofrendo mi
pulcra desesperación,
el rezo de mi boca que acabo de abrir.

Al viento helado
que me congela la coronilla,
le ofrendo mis cabellos lavados,
mis orejas, nariz y lengua bien limpios.

Me adueño del asfalto alborotando la oscuridad
cuando las aves locales que nunca han dejado esta ciudad
tienen todavía el pico enterrado en sus plumas.

Piso la callejuela de abrupta pendiente,
camino abrazando al viento

a la hora en que todos los faroles se apagan a la vez
la hora en que es más sólida la escarcha,
allí donde la aurora desciende oblicua
y los fragmentos se esfuerzan por brillar.

Ah, primer albor,
tristeza de ojos siempre abiertos,
acabados de congelar por estar lavándolos toda la noche,
a la tristeza ofrendo mis
venas palpitantes, los latidos de mi corazón.

회상

아무것도 남지 않은 천지에도
남은 것들은 많았다 그해 늦봄
널브러진 지친 시간들을 밟아 으깨며
어김없이 창은 밝아왔고
흉몽은 습관처럼 생시를 드나들었다
이를 악물어도 등이 시려워
외마디소리처럼 담 결려올 때
분말 같은 햇살 앞에 그저
눈 감으면 끝인 것을
텃새들은 겨울부터 아니 그전 겨울부터 아니아니 그 전 겨울부터
목 아프게 지저귀고 있었다
때론 비가 오고 때론 개었다 세 끼 식사는 한결같았 다 아아
사는 일이 거대한 장례식일 뿐이라면
우리에게 남은 것은 무엇인지 알고 싶었다
어린 동생의 브라운관은 언제나처럼 총탄과 수류탄 으로
울부짖고 있었고 그 틈에 우뚝
살아남은 영웅들의 미소가 의연했다
그해 늦봄 나무들마다 날리는 것은 꽃가루가 아니었다
부서져 꽂히는 희망의 파편들
오그린 발바닥이 이따금 베어 피 흘러도
봉쇄된 거리 벗겨진 신 한 짝은 끝내 돌아오지 않았다
천지에서 떠밀려온 원치 않은 꿈들이 멍든 등을 질벅 거렸고
그 하늘
그 나무
그 햇살들 사이
내 안에 말라붙은 강 바닥은 쩍쩍 소리를 내며 갈라 졌다
모든 것이 남은 천지에
남은 것은 없었던 그해 늦봄

REMEMBRANZA

Incluso en el mundo donde no sobra nada
sobraban muchas cosas. Fue a finales de la primavera de ese año.
Irremediablemente entró el sol por las ventanas
pisoteando las horas desparramadas y exhaustas
y como siempre los malos sueños se codearon con las horas diurnas.
Tenía frío en la espalda, aunque apretara los dientes
me daban calambres como alaridos,
entonces los pájaros locales no dejaron de cantar hasta que les dolió
    la garganta
desde el invierno, no no, desde el invierno pasado, no no, desde
    el invierno anterior,
que todo terminaría
si cerraba los ojos ante el sol hecho polvo.
A veces llovía y otras veces se despejaba. Ah, invariables las tres comidas
    del día.
Si la vida no es más que un gigantesco funeral,
me preguntaba qué quedaba para nosotros.
En la pantalla del televisor de mi hermano rugían como siempre las balas
    y granadas
y en medio de todo aquello se destacaban
las sonrisas decididas de los héroes sobrevivientes.
Esa primavera los árboles no soltaron polen
sino la esperanza hecha trizas.
Andando con el pie encogido, me corté y sangré,
pero nunca recuperé el zapato que perdí en la calle confinada.
Sueños indeseados venidos de todas partes chapotearon sobre mi espalda
    amoratada.
Entre ese cielo
esos árboles
esos rayos de sol,
oía que se cuarteaba el lecho seco de un río dentro de mí.
A finales de esa primavera en que sobraba todo en el mundo,
no sobraba nada.

무제

무엇인가 희끄무레한 것이 떠 있다 함께 걸어간다 흘 러간다 지워지지 않는다 좀처럼, 뿌리쳐지지 않는다 끈덕 진 녀석이다 말이 통하지 않는다 아무리 떠나도 떠나지지 않는다 나는 달아난다 더 달아날 수 없을 때까지, 더 달아 날 수 없어 돌아서서 움켜쥐려 한다 움킬 수 없다 두 팔 휘젓는다 움킬 수 없다 그러나 이따금
    내가 홀로 울 때면
    내 손금을 따라 조용히,
    떨며 고여 있다

SIN TÍTULO

Flota algo blanquecino. Camina conmigo, fluye, no se borra, no se desprende con nada. Parece una lapa. No atiende a razones. No me deja aunque lo deje. Huyo lo más lejos que puedo. Cuando no tengo a donde más ir, me giro y trato de cogerlo, pero es imposible. Doy manotazos, pero no lo puedo agarrar. Sin embargo, alguna que otra vez,
   cuando lloro sola
   se acumula en los surcos de mi mano
   en silencio y temblando.

어느 날, 나의 삶은

어느 날 눈떠보면
물과 같았다가
그 다음날 눈떠보면 담벼락이었다가 오래된
콘크리트 내벽이었다가
먼지 날리는 봄 버스 정류장에
쪼그려 앉아 토할 때는 누더기
침걸레였다가
들지 않는 주머니칼의
속날이었다가
돌아와 눕는 밤마다는 알알이
거품 뒤집어쓴
진통제 糖衣였다가
어느 날 눈떠보면 다시 물이 되어
삶이여 다시 내 혈관 속으로
흘러 돌아오다가

A VECES MI CARNE

A veces cuando me despierto
parece agua,
pero al día siguiente es un muro, una vieja
pared interna de hormigón.
Cuando vomito de cuclillas
en una parada de autobús polvorienta de primavera, es un sucio
trapo para limpiar la saliva,
el filo
de una navaja que no corta.
Por las noches cuando me acuesto a dormir, es un calmante
encapsulado
cubierto de espuma,
pero otro día cuando me despierto es de nuevo agua,
entonces la vida vuelve a entrar
y circular por mis venas.

오이도烏耳島

내 젊은 날은 다 거기 있었네
조금씩 가라앉고 있던 목선 두 척,
이름붙일 수 없는 날들이 모두 밀려와
나를 쓸어안도록
버려두었네
그토록 오래 물었던 말들은 부표로 뜨고
시리게
물살은 빛나고
무수한 대답을 방죽으로 때려 안겨주던 파도,
너무 많은 사랑이라
읽을 수 없었네 내 안엔
너무 더운 핏줄들이었네 날들이여,
덧없이
날들이여
내 어리석은 날
캄캄한 날들은 다 거기 있었네
그곳으로 한데 흘러 춤추고 있었네

LA ISLA DE OIDO

Mis días de juventud están todos en ese lugar.
Las dos barcas de madera hundiéndose lentamente,
los días sin nombre, todo se abalanzó sobre mí
y yo dejé
que me arrastrara.
Las preguntas que me hacía hace tiempo flotan como boyas,
la marejada que brilla
cegadora,
las olas que arrojaban infinitas respuestas contra el espigón,
todo era un amor tan grande
que no supe leerlo, mis venas
eran demasiado calientes entonces. Oh días
fugaces,
oh estúpidos
días míos,
todos mis días oscuros están allí,
bailan vertidos en ese lugar.

서시

어느 날 운명이 찾아와
나에게 말을 붙이고
내가 네 운명이란다, 그동안
내가 마음에 들었니,라고 묻는다면
나는 조용히 그를 끌어안고
오래 있을 거야.
눈물을 흘리게 될지, 마음이
한없이 고요해져 이제는
아무것도 더 필요하지 않다고 느끼게 될지는
잘 모르겠어.

당신, 가끔 당신을 느낀 적이 있었어,
라고 말하게 될까.
당신을 느끼지 못할 때에도
당신과 언제나 함께였다는 것을 알겠어,
라고.

아니, 말은 필요하지 않을 거야.
당신은
내가 말하지 않아도
모두 알고 있을 테니까.
내가 무엇을 사랑하고
무엇을 후회했는지
무엇을 돌이키려 헛되이 애쓰고
끝없이 집착했는지
매달리며
눈먼 걸인처럼 어루만지며
때로는
당신을 등지려고도 했는지

PREFACIO

Si un día el destino viniera a verme
y me preguntara:
«Soy tu destino.
¿Estás contenta conmigo?»,
yo lo abrazaría en silencio
durante largo rato,
pero no estoy segura
de si lloraría, de si mi corazón
se acallaría hasta el infinito con la sensación
de que ya no necesito nada más.

Quizás le dijera:
«He sentido tu presencia de vez en cuando,
pero aun cuando no te siento,
sé que siempre estás
conmigo».

No, no serán necesarias las palabras
porque tú,
aunque yo no te diga nada,
seguro que lo sabes todo.
Sabes qué es lo que amo,
de qué me arrepiento,
lo que traté en vano de rehacer,
cuánto me obsesioné sin fin,
cuánto me aferré,
tanteando como un mendigo ciego
y cada tanto
lo mucho que intenté darte la espalda.

그러니까
당신이 어느 날 찾아와
마침내 얼굴을 보여줄 때
그 윤곽의 사이 사이,
움푹 파인 눈두덩과 콧날의 능선을 따라
어리고
지워진 그늘과 빛을
오래 바라볼 거야.
떨리는 두 손을 얹을 거야.
거기,
당신의 뺨에,
얼룩진.

Por eso,
cuando por fin
vengas un día a verme,
me quedaré largo rato contemplando
las luces y las sombras
proyectadas
en los relieves y cavidades de tu rostro,
en los párpados profundos y la línea de la nariz.
Y posaré mis dos manos temblorosas
allí
en tus mejillas
manchadas de lágrimas.

유월

그러나 희망은 병균 같았다
유채꽃 만발하던 뒤안길에는
빗발이 쓰러뜨린 풀잎, 풀잎들 몸
못 일으키고
얼얼한 것은 가슴만이 아니었다
발바닥만이 아니었다
밤새 앓아 정든 胃腸도 아니었다
무엇이 나를 걷게 했는가, 무엇이
내 발에 신을 신기고
등을 떠밀고
맥없이 엎어진 나를
일으켜 세웠는가 깨무는
혀끝을 감싸주었는가
비틀거리는 것은 햇빛이 아니었다,
아름다워라 山川, 빛나는
물살도 아니었다
무엇이 내 속에 앓고 있는가, 무엇이 끝끝내
떠나지 않는가 내 몸은
숙주이니, 병들 대로 병들면
떠나려는가
발을 멈추면
휘청거려도 내 발 대지에 묶어줄
너, 홀씨 흔들리는 꽃들 있었다
거기 피어 있었다
살아라, 살아서
살아 있음을 말하라
나는 귀를 막았지만
귀로 들리는 음성이 아니었다 귀로
막을 수 있는 노래가
아니었다

JUNIO

Aun así, la esperanza se asemejaba a un virus.
En el callejón donde antes florecía la colza,
solo había hierba tumbada por la lluvia, hierba
que no podía levantarse.
Pero lo que me escocía no era solo el pecho,
las plantas de los pies,
el estómago habituado a sufrir toda la noche.
¿Qué me hizo caminar? ¿Qué hizo
que me pusiera los zapatos?
¿Qué fue lo que me empujó?
¿Qué fue lo que me levantó
cuando estaba tumbada sin fuerzas? ¿Qué protegió
la punta de mi lengua de mis mordidas?
Lo que se tambaleaba no era el sol,
tampoco la bella naturaleza, tampoco
las brillantes corrientes de agua.
¿Qué es eso que sufre dentro de mí? ¿Qué es eso
que no me abandona de una vez por todas?
Siendo mi cuerpo su anfitrión,
¿se irá cuando me enferme hasta la médula?
Si detengo mi marcha y me tambaleo,
serás tú quien ate mis pies a la tierra,
tú, flor que esparce esporas,
allí estabas florecida.
Vive y viviendo
da pruebas de que estás viva.
Me tapé los oídos,
pero no era un sonido para oír con los oídos,
no era una canción que se pudiera
dejar de oír.

서울의 겨울 12

어느 날 어느 날이 와서
그 어느 날에 네가 온다면
그날에 네가 사랑으로 온다면
내 가슴 온통 물빛이겠네, 네 사랑
내 가슴에 잠겨
차마 숨 못 쉬겠네
내가 네 호흡이 되어주지, 네 먹장 입술에
벅찬 숨결이 되어주지, 네가 온다면 사랑아,
올 수만 있다면
살얼음 흐른 내 뺨에 너 좋아하던
강물 소리,
들려주겠네

EL INVIERNO DE SEÚL 12

Si un día llegara el día,
el día en que vinieras tú,
el día en que fueras mi amor,
mi corazón resplandecería con el color del agua.
Tu amor, zambulléndose en mi pecho,
no podría respirar.
Yo sería tu respiración, el hálito jadeante
en tu boca como un velo negro, si tú vinieras, amor mío.
Si pudieras venir,
te haría escuchar la corriente del río
en mis mejillas cubiertas de escarcha,
ese sonido que tanto te gustaba.

저녁의 소묘 5

죽은 나무라고 의심했던
검은 나무가 무성해지는 걸 지켜보았다

지켜보는 동안 저녁이 오고

연둣빛 눈들에서 피가 흐르고
어둠에 혀가 잠기고

지워지던 빛이
투명한 칼집들을 그었다

(살아 있으므로)
그 밑동에 손을 뻗었다

ESBOZO DEL ANOCHECER 5

Estaba reverdeciendo
un árbol negro que creía muerto.

Se hizo de noche mientras lo miraba.

Fluyó la sangre por los nudos verdes,
la lengua se sumergió en la oscuridad.

La luz al borrarse
dejó rayas transparentes.

(Como estoy viva)
estiré la mano hacia el tronco.

ÍNDICE

시인의 말 8
Palabras de la poeta 9

1부 · 새벽에 들은 노래
PRIMERA PARTE · CANCIONES DEL ALBA

어느 늦은 저녁 나는 12
Un anochecer yo 13

새벽에 들은 노래 14
La canción que oí al alba 15

심장이라는 사물 16
Esa cosa llamada corazón 17

마크 로스코와 나   2월의 죽음 18
Mark Rothko y yo · La muerte en febrero 19

마크 로스코와 나 2 22
Mark Rothko y yo 2 23

휠체어 댄스 26
Danza de la silla de ruedas 27

새벽에 들은 노래 2 30
La canción que oí al alba 2 31

새벽에 들은 노래 3 32
La canción que oí al alba 3 33

저녁의 대화 34
Diálogo del anochecer 35

서커스의 여자 36
La mujer del circo 37

파란 돌 40
La piedra azul 41

눈물이 찾아올 때 내 몸은 텅 빈 항아리가 되지 44
Soy una tinaja vacía cuando se me saltan las lágrimas ... 45

이천오년 오월 삼십일, 제주의 봄바다는 햇빛 반. 물고기 비늘
 같은 바람은 소금기 를 힘차게 내 몸에 끼얹으며, 이제부터
 네 삶 은 덤이라고 46
30 de mayo de 2005. La mitad del mar Jeju brilla con un sol
 primaveral. El viento, escamoso como los peces, no para
 de arrojarme sal, al tiempo que me dice: «Estás viviendo de
 más a partir de ahora». 47

2부 · 해부극장
SEGUNDA PARTE · TEATRO DE LA ANATOMÍA HUMANA

조용한 날들 50
Días callados 51

어두워지기 전에 52
Antes de que oscurezca 53

해부극장 54
Teatro de la anatomía 55

해부극장 2 56
Teatro de la anatomía 2 57

피 흐르는 눈 62
Ojos que sangran 63

피 흐르는 눈 2 64
Ojos que sangran 2 65

피 흐르는 눈 3 66
Ojos que sangran 3 67

피 흐르는 눈 4 70
Ojos que sangran 4 71

저녁의 소묘 72
Esbozo del anochecer 73

조용한 날들 2 74
Días callados 2 75

저녁의 소묘 2 76
Esbozo del anochecer 2 77

저녁의 소묘 3 — 유리창 78
Esbozo del anochecer 3 · El cristal de la ventana 79

3부 · 저녁 잎사귀
TERCERA PARTE · LAS HOJAS AL ANOCHECER

여름날은 간다 82
Se va el verano 83

저녁 잎사귀 84
Las hojas al anochecer 85

효에게. 2002. 겨울 86
A Hyo, invierno de 2002 87

괜찮아	90
Todo está bien	91
자화상. 2000. 겨울	94
Autorretrato, invierno de 2000	95
회복기의 노래	98
Canción de convalecencia	99
그때	100
En ese entonces	101
다시, 회복기의 노래. 2008	102
De nuevo canción de convalecencia, 2008	103
심장이라는 사물 2	104
Esa cosa llamada corazón 2	105
저녁의 소묘 4	106
Esbozo del anochecer 4	107
몇 개의 이야기 6	108
Una que otra historia 6	109
몇 개의 이야기 12	110
Una que otra historia 12	111
날개	112
Alas	113

4부 · 거울 저편의 겨울
CUARTA PARTE · EL INVIERNO
AL OTRO LADO DEL ESPEJO

거울 저편의 겨울	116
El invierno al otro lado del espejo	117

거울 저편의 겨울 2 122
El invierno al otro lado del espejo 2 123

거울 저편의 겨울 3 126
El invierno al otro lado del espejo 3 127

거울 저편의 겨울 4 — 개기일식 128
El invierno al otro lado del espejo 4 · Eclipse total de sol   129

거울 저편의 겨울 5 130
El invierno al otro lado del espejo 5 131

거울 저편의 겨울 6 — 중력의 선 132
El invierno al otro lado del espejo 6 · La línea de la gravedad
    133

거울 저편의 겨울 7 — 오후의 미소 136
El invierno al otro lado del espejo 7 · La sonrisa de la tarde
    137

거울 저편의 겨울 8 138
El invierno al otro lado del espejo 8 139

거울 저편의 겨울 9 — 탱고 극장의 플라멩코 140
El invierno al otro lado del espejo 9 · Flamenco en el teatro
    del tango 141

거울 저편의 겨울 10 142
El invierno al otro lado del espejo 10 143

거울 저편의 겨울 11 144
El invierno al otro lado del espejo 11 145

거울 저편의 겨울 12 — 여름 천변, 서울 146
El invierno al otro lado del espejo 12 · Ribera del arroyo,
    verano de Seúl 147

5부 · 캄캄한 불빛의 집
QUINTA PARTE · LA CASA DE LA LUZ OSCURA

캄캄한 불빛의 집	150
La casa de la luz oscura	151
첫새벽	154
Al primer albor	155
회상	156
Remembranza	157
무제	158
Sin título	159
어느 날, 나의 살은	160
A veces mi carne	161
오이도烏耳島	162
La isla de Oido	163
서시	164
Prefacio	165
유월	168
Junio	169
서울의 겨울 12	170
El invierno de Seúl 12	171
저녁의 소묘 5	172
Esbozo del anochecer 5	173

POESÍA

TÍTULOS PUBLICADOS EN ESTA COLECCIÓN

Blas de Otero	1.	*Pido la paz y la palabra*
Camilo José Cela	2.	*Pisando la dudosa luz del día*
Gloria Fuertes	3.	*Poeta de guardia*
Heinrich Heine	4.	*Poemas*
José Antonio Labordeta	5.	*Poemas y canciones*
Ángel González	6.	*Tratado de urbanismo*
Gabriel Celaya	7.	*Poemas de Juan de Leceta*
Carlos Sahagún	8.	*Memorial de la noche*
Antonio Colinas	9.	*Sepulcro en Tarquinia*
Pablo Neruda	10.	*Veinte poemas de amor y una canción desesperada*
Joan Salvat-Papasseit	11.	*Cincuenta poemas*
Pablo Neruda	12.	*Estravagario*
José Agustín Goytisolo	13.	*Taller de arquitectura*
Pablo Neruda	14.	*El mar y las campanas*
Miguel Hernández	15.	*Viento del pueblo*
Pablo Neruda	16.	*Canto general*
Rafael Alberti	17.	*Marinero en tierra*
Pablo Neruda	18.	*El corazón amarillo*
Ives Bonnefoy	19.	*Antología*
Pablo Neruda	20.	*Los versos del capitán*
José Agustín Goytisolo	21.	*Del tiempo y del olvido*
Pablo Neruda	22.	*Defectos escogidos - 2.000*
Carlos Álvarez	23.	*Los poemas del bardo*
J. M. Caballero Bonald	24.	*Descrédito del héroe*
Blas de Otero	25.	*En castellano*

Miguel Hernández	26.	*Cancionero y romancero de ausencias*
Ángela Figuera Aymerich	27.	*Belleza cruel*
Álvaro Pombo	28.	*Variaciones*
Luis Martínez de Merlo	29.	*Alma del tiempo*
Félix Grande	30.	*Las Rubáiyátas de Horacio Martín*
José Lezama Lima	31.	*Fragmentos a su imán*
Carlos Barral	32.	*Usuras y figuraciones*
Rainer Maria Rilke	33.	*Elegías de Duino*
Adrián Desiderato	34.	*30 poemas escritos en invierno*
Jacques Prévert	35.	*Palabras*
José Agustín Goytisolo	36.	*Salmos al viento*
Mario Trejo	37.	*El uso de la palabra*
Pere Quart	38.	*Antología*
Joan Vinyoli	39.	*Cuarenta poemas*
Juan Gelman	40.	*Hechos y relaciones*
José Agustín Goytisolo	41.	*Los pasos del cazador*
Miguel Labordeta	42.	*Epilírica*
Ana María Moix	43.	*A imagen y semejanza*
Robert Graves	44.	*Cien poemas*
Juan Gelman	45.	*Si dulcemente*
Salvador Espriu	46.	*La piel de toro*
Rainer Maria Rilke	47.	*Sonetos a Orfeo*
José Agustín Goytisolo	48.	*Final de un adiós*
Idea Vilariño	49.	*Poemas de amor - Nocturnos*
Rafael Alberti	50.	*El libro del mar*
José Agustín Goytisolo	51.	*El retorno*
José Batlló	52.	*Cien poemas de amor de la lírica castellana*
Gabriele D'Annunzio	53.	*Canto nuevo*
Blas de Otero	54.	*Poemas de amor*
José Agustín Goytisolo	55.	*El rey mendigo*
Rainer Maria Rilke	56.	*El libro de horas*

Saint-John Perse	57.	*Poemas*
Enrique Lihn	58.	*Álbum de toda especie de poemas*
Joan Brossa	59.	*Me hizo Joan Brossa*
Neus Aguado	60.	*Ginebra en bruma rosa*
Philip Larkin	61.	*Ventanas altas*
Walt Whitman	62.	*Hojas de hierba*
João Cabral de Melo	63.	*Antología poética*
José Agustín Goytisolo	64.	*Palabras para Julia*
José María Valverde	65.	*Poesías reunidas*
José Agustín Goytisolo	66.	*A veces gran amor*
Lizano de Berceo	67.	*Lo unitario y lo diverso*
José Agustín Goytisolo	68.	*Sobre las circunstancias*
Feliu Formosa	69.	*Hora en limpio*
Mónica Monteys	70.	*Los años olvidados*
Peter Handke	71.	*Poema a la duración*
Álvaro Pombo	72.	*Protocolos para la rehabilitación del firmamento*
Cristina Peri Rossi	73.	*Babel bárbara*
Javier Lentini	74.	*Viaje a la última isla*
José Agustín Goytisolo	75.	*La noche le es propicia*
J. L. Giménez-Frontín	76.	*Que no muera ese instante*
Jesús Lizano	77.	*Sonetos*
José Agustín Goytisolo	78.	*Novísima oda a Barcelona*
Mihály Dés	79.	*Noche insular*
Alfonso Pexegueiro	80.	*El lago de las garzas azules*
María Negroni	81.	*El viaje de la noche*
Yanis Ritsos	82.	*De papel*
Cristina Peri Rossi	83.	*Otra vez Eros*
José Agustín Goytisolo	84.	*Como los trenes de la noche*
Luis Quintais	85.	*La imprecisa melancolía*
Pablo Neruda	87.	*Una casa en la arena*
José Agustín Goytisolo	88.	*Los cuadernos de El Escorial*

José Agustín Goytisolo	89.	*Bajo tolerancia*
Cristina Peri Rossi	90.	*Aquella noche*
Zoé Valdés	91.	*Vagón para fumadores*
José Agustín Goytisolo	92.	*Algo sucede*
José Agustín Goytisolo	93.	*Veintiún poetas catalanes para el siglo XXI*
Jordi Vintró	94.	*Insuficiencia mitral*
Wisława Szymborska	95.	*Paisaje con grano de arena*
Milan Rúfus	96.	*Tiempo de adioses*
José Agustín Goytisolo	97.	*Las horas quemadas*
Iván Tubau	98.	*La quijada de Orce*
Louise Labé	99.	*Sonetos*
Jaime Gil de Biedma	100.	*Las personas del verbo*
Carles Bellsolà	101.	*Hierro y ciruelas*
María Negroni	102.	*Dhikr*
Olga Orozco	103.	*Eclipses y fulgores*
Carlos Barral	104.	*Poesía completa*
José Agustín Goytisolo	105.	*Claridad*
Enrique Moreno Castillo	106.	*Dieciocho poetas franceses contemporáneos*
Justo Jorge Padrón	107.	*Escalofrío*
Zoé Valdés	108.	*Cuerdas para el lince*
Kenneth Rexroth	109.	*Antología de poesía china*
Ramón F. Reboiras	110.	*El resto del mundo*
Cristina Peri Rossi	111.	*Las musas inquietantes*
Ted Hughes	112.	*Cartas de cumpleaños*
J. L. Giménez-Frontín	113.	*El ensayo del organista*
Neus Aguado	114.	*Aldebarán*
Roberto Bolaño	115.	*Los perros románticos*
Less Murray	116.	*Australia, Australia*
Rubén Darío	117.	*Y una sed de ilusiones infinita*
Lluís Freixas	118.	*La confederación de las almas*

Allen Ginsberg	119.	*Muerte y fama*
Alejandra Pizarnik	120.	*Poesía completa*
Justo Jorge Padrón	121.	*Memorias del fuego*
Pedro Salinas	122.	*Poesías completas*
Manuel Machado	123.	*Del arte largo*
Jordi Virallonga	124.	*Los poemas de Turín*
Lucía Etxebarria	125.	*Estación de infierno*
Manuel Forcadela	126.	*Refutación de la musa*
Klaus Rifbjerg	127.	*Fuego en la piedra*
Leopoldo María Panero y José Águedo Olivares	128.	*Me amarás cuando esté muerto*
Reinaldo Arenas	129.	*Inferno*
Cristina Peri Rossi	130.	*Diáspora*
Lewis Carroll	131.	*La caza del carabón*
José Jorge Letria	132.	*Los mares interiores / Os mares interiores*
Javier Velaza	133.	*Los arrancados*
Gabriel Ferrater	134.	*Las mujeres y los días*
Esperanza Ortega	135.	*Como si fuera una palabra*
Francisco Pino	136.	*Claro decir*
Zoé Valdés	137.	*Breve beso de la espera*
Wallace Stevens	138.	*Aforismos completos*
Emily Dickinson	139.	*71 poemas*
Anne Carson	140.	*La belleza del marido*
José Agustín Goytisolo	141.	*Los poemas son mi orgullo*
Albert Balasch	142.	*Decaer*
Luis Izquierdo	143.	*No hay que volver*
Henrik Nordbrandt	144.	*Nuestro amor es como Bizancio*
John Ashbery	145.	*Una ola*
VV. AA.	146.	*De Amore*
Basil Bunting	147.	*Briggflatts y otros poemas*
Juan Sánchez Peláez	148.	*Obra poética*
Álvaro Pombo	149.	*Protocolos (1973-2003)*

Chema Prieto	150.	*Ciertas mentiras*
Cristina Peri Rossi	151.	*Estrategias del deseo*
Daniel Aguirre	152.	*Del fondo de la piel*
VV. AA.	153.	*Love. Antología poética*
Louis MacNeice	154.	*Oración antes de nacer*
Nicole d'Amonville	155.	*Acanto*
VV. AA.	156.	*Oración antes de nacer*
Edgardo Dobry	157.	*El lago de los botes*
Cristina Peri Rossi	158.	*Poesía reunida*
W. B. Yeats	159.	*Antología poética*
Pablo Neruda	160.	*Los mejores poemas de amor*
Luis Izquierdo	161.	*Travesías del ausente*
Albert Balasch	162.	*Execucions / Ejecuciones*
W. H. Auden	163.	*Canción de cuna y otros poemas*
VV. AA.	164.	*El crimen fue en Granada*
Eduardo Rezzano	165.	*Gato Barcino*
John Ashbery	166.	*Por dónde vagaré*
Carmen Borja	167.	*Libro del retorno*
Sandro Penna	168.	*Cruz y delicia. Extrañezas*
Philip Larkin	169	*Las bodas de Pentecostés*
William Carlos Williams	170.	*Cuadros de Brueghel*
José Carlos Llop	171.	*La avenida de la luz*
Stephen Spender	172.	*Ausencia presente y otros poemas*
Idea Vilariño	173.	*Poesía completa*
H. D.	174.	*Trilogía*
Wallace Stevens	175.	*La roca*
Edgardo Dobry	176.	*Cosas*
William Carlos Williams	177.	*Viaje al amor*
José Agustín Goytisolo	178.	*Poesía completa*
VV. AA.	179.	*La isla tuerta*
John Ashbery	180.	*Un país mundano*
Wallace Stevens	181.	*Poemas tardíos*

Ted Hughes	182.	*Gaudete*
Marianne Moore	183.	*Poesía completa*
William Carlos Williams	184.	*La música del desierto y otros poemas*
Federico García Lorca	185.	*Diván del Tamarit / Sonetos del amor oscuro*
Pedro Salinas	186.	*Poemas de amor*
Ramón Andrés	187.	*Los extremos*
Andrés Sánchez Robayna	188.	*Cuaderno de las islas*
Jorge Luis Borges	189.	*Poesía completa*
José Carlos Llop	190.	*Cuando acaba septiembre*
Wallace Stevens	191.	*Ideas de orden*
William Wordsworth	192.	*«La abadía de Tintern» y otros poemas*
Friedrich Hölderlin	193.	*Poemas*
Zbigniew Herbert	194.	*Poesía completa*
John Burnside	195.	*Dones*
Luis Izquierdo	196.	*La piel de los días*
Michael Hamburger	197.	*La vida y el arte*
Ted Hughes	198.	*Cartas de cumpleaños*
A. R. Ammons	199.	*Basura y otros poemas*
VV. AA.	200.	*Amor de muchos días*
Philip Larkin	201.	*Poesía reunida*
T. S. Eliot	202.	*La tierra baldía*
Leonard Cohen	203.	*Libro del anhelo*
Jaime Gil de Biedma	204.	*Las personas del verbo*
Carlos Barral	205.	*Usuras y figuraciones*
Idea Vilariño	206.	*Poesía completa*
Raúl Zurita	207.	*Tu vida rompiéndose*
Ramón Andrés	208.	*Poesía reunida. Aforismos*
Piedad Bonnett	209.	*Poesía reunida*
Alejandra Pizarnik	210.	*Poesía completa (1955-1972)*
T. S. Eliot	211.	*Cuatro cuartetos. La roca* y *Asesinato en la catedral*

William Carlos Williams	212.	*Poesía reunida*
Vicente Aleixandre	214.	*Poesía completa*
Nicanor Parra	215.	*El último apaga la luz*
Wallace Stevens	216.	*Poesía reunida*
Gabriela Mistral	217.	*Las renegadas*
Darío Jaramillo	218.	*Poesía selecta*
Raúl Zurita	219.	*La vida nueva*
Geoffrey Hill	220.	*Poesía reunida*
Edna St. Vincent Millay	221.	*Antología poética*
San Juan de la Cruz	222.	*Cántico espiritual*
César Vallejo	223.	*Poesía completa*
Manuel Vilas	224.	*Una sola vida*
Raúl Zurita	225.	*Anteparaíso*
Rainer Maria Rilke	226.	*Elegías de Duino. Nueva edición con poemas y cartas inéditos*
Pablo Neruda	227.	*Residencia en la tierra*
Álvaro Mutis	228.	*Summa de Maqroll el Gaviero. Poesía reunida (1947-2003)*
Ana María Moix	229.	*Poesía completa*
Anne Sexton	230.	*Poesía completa*
Mary Oliver	231.	*Devociones. Poesía reunida*
Jaime Gil de Biedma	232.	*Las personas del verbo. Poesía completa*

Este libro
terminó de imprimirse
en Madrid
en abril de 2025